Risotto

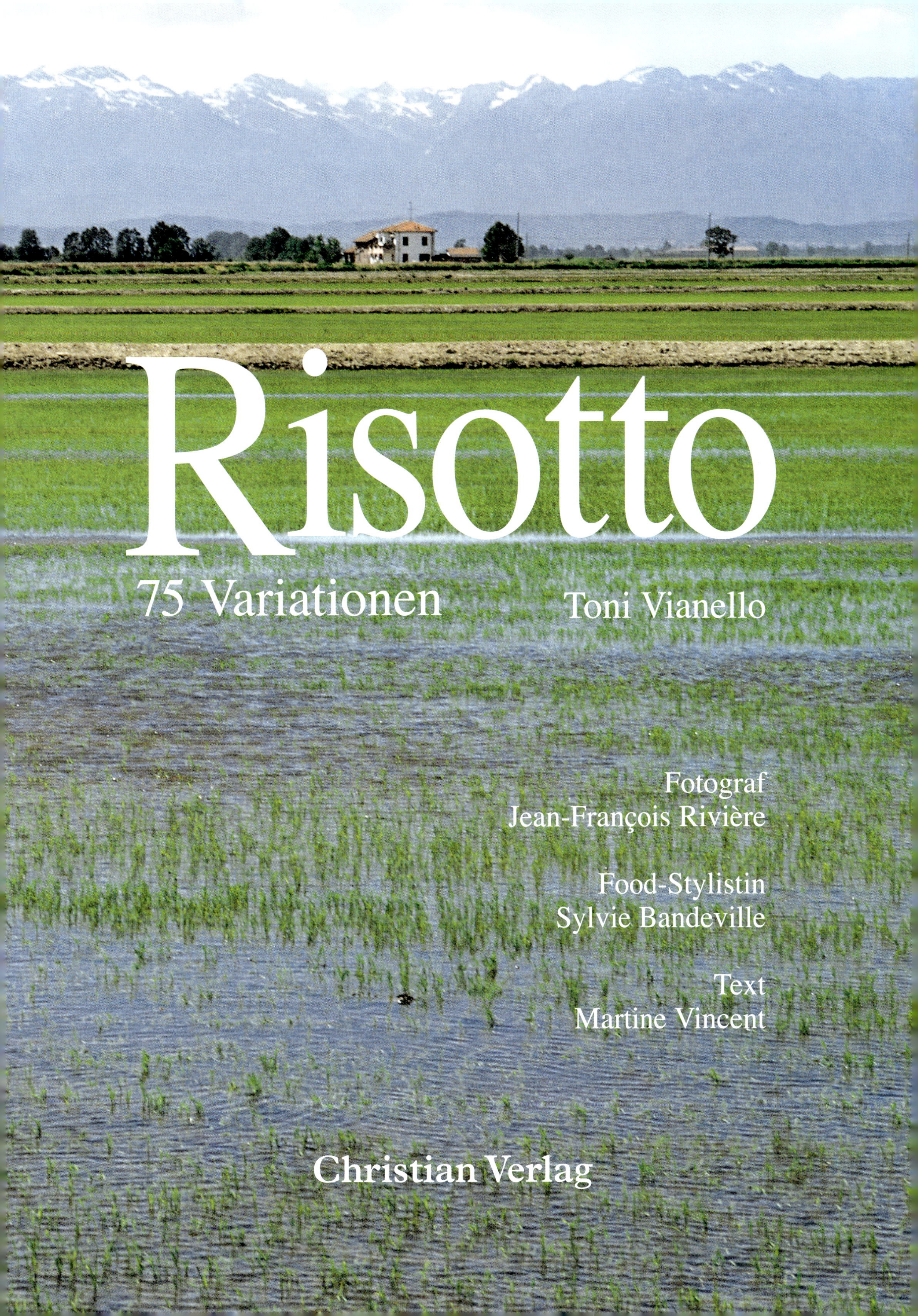

Risotto

75 Variationen

Toni Vianello

Fotograf
Jean-François Rivière

Food-Stylistin
Sylvie Bandeville

Text
Martine Vincent

Christian Verlag

Inhalt

Eine Auswahl an Risotti für den Frühling

Risotto primavera mit Frühlingsgemüse **S. 49**

Risotto con carciofi mit Artischocken **S. 50**

Risi e bisi mit Erbsen **S. 52**

Risotto alle erbette mit Gartenkräutern **S. 54**

Risotto con asparagi verdi e spugnole mit grünem Spargel und Morcheln **S. 58**

Risotto con le rane mit „Froschschenkeln" **S. 62**

Risotto ai frutti di mare e filetti di sogliola mit Meeresfrüchten und Seezungenfilet **S. 65**

Risotto in cavroman mit Lamm **S. 68**

Eine Auswahl an Risotti für den Sommer

Risotto con peperoni e olive nere mit Paprika und schwarzen Oliven **S. 74**

Risotto al pomodoro mit Tomaten **S. 76**

Risotto con caparossoli mit Venusmuscheln **S. 79**

Risotto ai frutti di mare mit Meeresfrüchten **S. 80**

Risotto con triglie e finocchi alla Genovese mit Rotbarbe und Fenchel **S. 82**

Risotto con cozze e pomodoro mit Miesmuscheln und Tomaten **S. 85**

Risotto al nero „Schwarzer Risotto" mit Tintenfisch **S. 86**

Risotto di astice mit Hummer **S. 93**

Risotto al rosmarino e pancetta mit Rosmarin und Bauchspeck **S. 101**

Eine Auswahl an Risotti für den Herbst

Risotto con scampi, radicchio e provola mit Scampi, Radicchio und Provola-Käse **S. 104**

Risotto al radicchio mit Radicchio **S. 106**

Risotto con gialletti mit Pfifferlingen **S. 108**

Risotto alla Milanese mit Safran **S. 111**

Risotto al pollo mit Hühnchen **S. 114**

Risotto al tartufi bianchi mit weißen Trüffeln **S. 116**

Risotto alla zucca mit Kürbis **S. 120**

Eine Auswahl an Risotti für den Winter

Risotto con porri e pecorino
mit Lauch und Pecorino **S. 128**

Risotto al limone
mit Zitrone **S. 132**

Risotto allo speck affumicato
mit geräuchertem Speck und Mascarpone **S. 134**

Risotto con cavolo capuccio e lardo affumicato
mit Kohl und geräuchertem Speck
S. 137

Risotto al Barolo
mit Barolo **S. 138**

Risotto al fagiano e tartufi neri
mit Fasan und schwarzen Trüffeln
S. 144

Risotto tartufi neri
mit schwarzen Trüffeln **S. 147**

Risotto con vitello all'arancio
mit Kalb und Orangen
S. 153

Vorwort

Häufig sind mit dem Essen bestimmte Erinnerungen aus der Kindheit verbunden. Beim Risotto denke ich vor allem an meine Mutter. In Portogruaro in der Nähe von Venedig, wo ich aufgewachsen bin, war es nicht üblich, am Freitag Fleisch zu essen. Da meine Mutter aber keinen Fisch mochte, servierte sie uns Risotto mit Pilzen und Froschschenkeln.

Ich hätte es gern einmal selbst zubereitet, aber leider hat sie es mir nie erlaubt. Erst als ich in den Ferien bei meiner Kusine in Cortina d'Ampezzo war, durfte ich ein Risotto nach meinem Geschmack kochen. Ich war damals ungefähr sieben oder acht Jahre alt und streifte mit Vorliebe durch die Wälder, um Pilze zu sammeln. Dieses Risotto-Buch gibt meine Erinnerungen wieder und erzählt von Begegnungen und Freundschaften, die zur Erweiterung meiner Risotto-Rezepte beigetragen haben.

Seit der Eröffnung meiner eigenen Osteria stelle ich fest, dass sich die Risotto-Gerichte bei meinen Gästen ganz besonderer Beliebtheit erfreuen. Der Risotto ist ein Gericht, das den Maßstäben der Natur entspricht. Wir verwenden in der Küche hauptsächlich Zutaten der Saison. Und auch die Stimmung spielt eine Rolle. Der Risotto wird kurz vor dem Servieren zubereitet und ist speziell auf die Gäste abgestimmt, die ihn dann genießen.

Guten Appetit!

Ihr
Toni Vianello

Risotto

Eine Hochzeit auf Italienisch

Genialität oder gastronomische Intuition? Die Italiener haben aus den drei Grundgetreidearten Speisen gezaubert, die unverwechselbar italienisch sind: aus dem Mais die Polenta, aus dem Weizen den Nudelteig und aus dem Reis den Risotto. Allerdings nimmt dieses klassisch-kulinarische Gericht, das fast so wie die Pasta von einem Mythos umgeben ist, auf dem Speiseplan außerhalb Italiens nicht den Platz ein, den ihm die Italiener einräumen, nämlich den des *primo*, des ersten Gangs, der durchaus einem eigenständigen Gericht gleichkommt. Es gibt unzählige Risotto-Rezepte, und sie erfordern stets aufs Neue Kreativität und Können, weil sie immer wieder besonders abgestimmte Zutaten brauchen. Ein Risotto ist jedenfalls das Gegenteil von einem Schnellgericht.

S. 16 und 17: Die Gebäude einer Tenuta *in der Provinz Vercelli. Sie sind ein bemerkenswertes Beispiel für die Architektur in den Reisanbaugebieten im Piemont.*

S. 19: Der Carnaroli *des Fürstentums von Lucedio, eine erstklassige Reissorte, die dem Risotto eine ideale Konsistenz und Kocheigenschaft verleiht.*

Eine eigene Welt

Italien ist Europas erster Reisproduzent. Seit Jahrhunderten werden in der Po-Ebene, die sich von Osten nach Westen, von der Lombardei bis zum Piemont erstreckt, Reisfelder angelegt und kultiviert.

Hier, am Fuß der Alpen, zwischen Turin, Novara und Vercelli, folgt auf Obstplantagen und Weinberge eine unglaublich reiche Ebene. Erde und Wasser bilden ein fast vollkommenes geometrisches Muster. Je nach Jahreszeit sind die Felder mehr oder weniger überschwemmt. Wege ziehen Grenzen und sind von hohen Pappeln und Espen gesäumt. In dieser Seenlandschaft, in der ein scharfer Wind weht, haben Tausende von Vögeln Zuflucht gefunden. Silberreiher, Fischreiher, weiße Stelzvögel und Sumpfhühner leben in diesem Idyll, und bei Sonnenuntergang zirpen die Grillen.

In diesem von Dunst überzogenen Reisanbaugebiet erheben sich große quadratische Backsteingebäude. Sie sind wetterfest und schmucklos. Doch hinter ihren Mauern verbirgt sich oft ganz unerwartet ein *palazzo*, ein Landpalast. Manche von ihnen haben einen Glockenturm, was darauf hinweist, dass dort einmal eine reiche Abtei lag. Andere sind vollkommen schmucklos, mit eckigen Innenhöfen und einem imposanten bogenförmigen Eingang. Sie werden heute ausschließlich landwirtschaftlich genutzt. Diese Gutshöfe, die man als *Tenuta* oder *Cascina* bezeichnet, tragen so wohlklingende Namen wie Colombara, Lucedio, Castello, Darola. Ihre imponierende Weitläufigkeit zeugt von ihrem Ansehen in vergangenen Zeiten.

Seit Jahrhunderten wird auf dem flachen Land der Po-Ebene Reis angebaut. Dieses Getreide, das schon vor Tausenden von Jahren in China gepflanzt wurde, gelangte auf einem langen Weg zuerst nach Ägypten, von da aus nach Marokko, und schließlich nach der Eroberung der spanischen Halbinsel durch die Mauren nach Spanien. Im 13. Jahrhundert waren die Herzöge von Mailand die Ersten, die in der Po-Ebene Reis anbauten. Denn diese Ebene weist all jene Eigenschaften auf, die für den Reisanbau günstig sind: genügend Wasser aus den Gletschern und Bächen der nahe gele-

Ein Netz von Bewässerungskanälen durchzieht die Reisfelder, die je nach Jahreszeit mehr oder weniger überflutet sind.

Beispiele für die klassische Architektur der Gutshöfe in den Reisanbaugebieten aus der Gegend um Vercelli: rote Backsteingebäude mit Bögen und Innenhöfen.

genen Alpen, angemessene Temperaturen und ein dichtes Netz von Bewässerungskanälen.

Seit dem 15. Jahrhundert ist der Reis ein Grundbestandteil der Küche Norditaliens. Damals waren Mais und Kartoffeln noch unbekannt. In Venedig wurden der Anbau und der Verbrauch von Reis gefördert, indem er nicht mit Abgaben oder Steuern belegt wurde. Jedes Jahr am 25. April wird dort das Fest des heiligen Markus gefeiert, des Schutzpatrons der Stadt. Zu diesem Anlass wurde dem Dogen *risi e bisi* gereicht, ein Risotto mit Erbsen. So wurde dieses Gericht ein Klassiker der venezianischen Küche.

TORRONE DELLA

Reisernte in der Gegend von Bologna.

Wasser und Sonne

Reis gedeiht zwischen April und September. Also in den fünf Monaten, in denen Wasser – Reis benötigt frisches, sauerstoffreiches Wasser – und Sonne dominieren. Beide Elemente sind für das Wachstum der Reissamen genauso wichtig wie die Arbeit des Menschen. Einst kamen zur Saison Scharen von Landarbeitern auf die Reisfelder. Aus ganz Italien strömten junge Frauen herbei, um beim Unkrautjäten, beim Pflücken und bei der Ernte zu helfen. Sie waren in riesigen, zu Schlafräumen umgestalteten Gebäuden untergebracht und arbeiteten den ganzen Tag: die Füße im Wasser, ertrugen sie die Hitze, die Feuchtigkeit und die Mücken und fanden trotzdem noch Kraft, die Nächte durchzutanzen.

Der neorealistische Nachkriegsfilm hat diese Zeit in dem Film »Bitterer Reis« verewigt. Er wurde 1948 in Cascina Veneria von Giuseppe De Santis gedreht. Silvana Mangano spielt darin eine traumhaft schöne Reisarbeiterin.

In den Wurzeln liegt die Kraft der Reispflanze.

Auf den Reisfeldern hat sich das Bild gewandelt. Heute erfolgt der Anbau mechanisch. Dennoch sind Aussaat und Ernte nach wie vor an die entsprechenden Jahreszeiten gebunden. Zu Beginn des Frühlings werden die Reisfelder vorbereitet, das Ackerland wird gepflügt, damit die frische Erde das Wasser aufnimmt und alle Nährstoffe erhalten bleiben. Dann werden die Reisfelder mit Hilfe eines Netzes von Bewässerungskanälen geflutet. Schließlich wird der Reis gesät. Die Reisfelder verwandeln sich in eine prächtige Seenlandschaft, über der die Gutshöfe wie Inseln thronen.

Dann folgen die Monate des Wartens und des Unkrautjätens – unerwünschte Pflanzen entziehen dem Reis die Nährstoffe. Allmählich zeigen sich die ersten Triebe über dem Wasser. Die Landschaft verändert sich erneut. Die Felder erinnern nun an ein zartgrünes Mosaik, das von Kanälen und Feldwegen durchzogen ist. Wenn die Reispflanzen schließlich Mitte August ihre Reife erreicht haben und etwa 30 Zentimeter aus dem Wasser ragen, werden die Trennwände zwischen den Furchen geöffnet. Das Wasser läuft ab, und die Ernte kann beginnen. Nach der Ernte muss der Reis, der noch zu viel Feuchtigkeit enthält, getrocknet werden. Die Verarbeitung, die einst in freier Luft in den Gutshöfen erfolgte, übernehmen heute die Reisfabriken. Die *paddi*, also die Reiskörner mit Schale, werden hier in Trocknungsanlagen mit Heißluft behandelt. Dann folgt das Entspelzen: hinter der ersten Haut erscheint das »komplette Reiskorn«, das dann noch von zwei weiteren Hüllen befreit wird. Heute wird auf den Gutshöfen alles mechanisch abgewickelt. Trotzdem gibt es nach wie vor keine Massenproduktion. Alle Bauern, die sich dem Anbau erstklassiger Reissorten widmen, verzichten auf Kunstdünger, chemische Unkrautvernichtungsmittel und Bleich- oder Glanzmittel. Der Anbau ist nicht allzu ertragreich. Denn nach zwei Ernten braucht das Land eine zweijährige Ruhepause, ehe man es wieder mit Reis bestellen kann. So bleibt die Erde nährstoffreich.

Die Reiskörner werden schonend entspelzt und in Dreschmaschinen nach überlieferter Art auf Granitsteinen bearbeitet. Solche Reissorten gehören zur Kategorie *Superfino* und werden von Gourmets besonders geschätzt. Viele behaupten sogar, dass sich nur diese Reissorten für einen guten Risotto eignen. Besonders der *Carnaroli* mit seinen langen Körnern weist ausgezeichnete Kocheigenschaften auf, weil er selbst bei langer Kochzeit noch *al dente* bleibt.

Einige Rohreissorten aus Acquerello, *der* Carnaroli *der Tenuta Colombara, werden drei Jahre lang gelagert.*

Gekonnte Alchemie

Niemand weiß genau, wie der erste Risotto entstand. Das, was man einst dem Dogen als *risi e bisi* angeboten hatte, hatte nicht unbedingt Ähnlichkeit mit dem Risotto von heute. Damals glich es vermutlich mehr einer Suppe mit Reis, die mit Gewürzen oder Safran angereichert war. Na ja, vermutlich hat irgendwann ein »Unwissender« zu viele Reiskörner in zu wenig Brühe geworfen …

Das Rezept, das sich wie ein Operntitel anhört, birgt seine Geheimnisse. Spricht man von der Zubereitung eines Risotto, kann man getrost den Begriff Alchemie verwenden. Die Italiener sind sich einig: Ein Risotto ist viel mehr als ein Gericht, das eher durch Zufall entstanden und im Lauf der Zeit immer wieder verbessert worden ist. Selbstverständlich spielen die

Einst wurde der Reis in den großen Innenhöfen zum Trocknen in freier Luft ausgelegt.

verschiedenen Reissorten eine entscheidende Rolle. Anfangs gab es vielleicht nur ein oder zwei Sorten, aber dann gelang es, die Reissorten zu verändern und ihre Vielfalt zu erweitern. Somit hatte man für jedes Gericht die passende Reissorte zur Verfügung.

Bei der Freisetzung von Stärke – eine Zauberformel für sich – gewinnt Reis eine gewisse Sämigkeit und cremige Konsistenz. Im Lauf der Kochgeschichte dieses wunderbaren Gerichts hat man folgende Erfahrung gemacht: Schwenkt man den Reis in Fett und gießt etwas fettarme Brühe darüber, ergibt sich eine besonders interessante Mischung, weil Reis stark absorptionsfähig ist. Man muss deshalb die Garzeit genau kontrollieren und beobachten, wie die Brühe von den Körnern aufgesogen wird, damit der Reis *al dente* gerät, seine Körner fest bleiben und ihr Aroma bewahren. Das allein ist schon eine Kunst für sich.

Einige Grundprinzipien

Sicherlich gibt es für die Risotto-Zubereitung eine Technik, die man erlernen kann, aber man braucht auch Geschicklichkeit und muss es verstehen, die Zutaten ideal aufeinander abzustimmen. In Italien sagt man, dass man den Risotto während der Zubereitung unter keinen Umständen aus den Augen lassen sollte.

Für einen Risotto braucht man Zwiebeln, Olivenöl, Parmesan, Butter und Fond. Diese Zutaten bilden die Grundlage des Rezepts. Zuerst nehmen wir Olivenöl (wenn es kalt gepresst ist, kann es problemlos erwärmt werden), um die Zwiebeln anzudünsten. Dann streut man den Reis ein und erhitzt das Ganze. Dabei wird der Reis vom Fett überzogen, jedoch nicht angebräunt – das würde seine kostbare Hülle mit der wertvollen Stärke zerstören. Schließlich werden die Zutaten beigemischt, denn einen Risotto ohne Zutaten gibt es nicht. Die Butter wird am Schluss hinzugefügt, um den Reis zu binden. Sie muss unbedingt sehr kalt sein, um mit den erwärmten Zutaten einen sämigen und schmackhaften Risotto zu erge-

Steinpfosten weisen den Weg zum Eingang eines Gutshofs, der Tenuta.

Die typische Landschaft der Provinz Vercelli: Berge, Baumreihen und Reisfelder.

ben. Vom einfachen »Reisgericht« mit Parmesan bis zum raffiniertesten Risotto, etwa mit der schwarzen Farbe eines Tintenfischs, bedarf es stets eines Elements, das ihm den letzten Pfiff gibt: Gemüse, Wurst, Fisch oder Krustentiere. Aus den Zutaten der Region zubereitet, vermittelt der Risotto je nach Region interessante geschmackliche Unterschiede.

Der Fond

Es gibt keinen Risotto ohne Fond. Dabei ist es egal, ob man Hühner- oder Gemüsefond verwendet. Das hängt ganz vom Rezept ab. Vom Geschmack her ist es natürlich ideal, wenn man ihn mit einem Fond aus den verwendeten Zutaten zubereitet: Hühnerknochen, Krustentiere, Fisch oder Gemüse. Man kann ebenso einen Kalbs- oder Rinderfond verwenden oder eine Mischung aus beidem. Fertigprodukte aus dem Glas sind meist von guter Qualität, Instantbrühen nur ein Notbehelf. Wer Risotto nach der traditionellen Methode zubereiten möchte, muss den Reis ständig umrühren und den Fond nach und nach hinzugeben. Doch man kann auch anders verfahren. Toni Vianello kocht den Reis von Anfang an mit der entsprechenden Menge an Brühe auf. Man lässt den Risotto auf kleiner Flamme ungefähr 15 Minuten köcheln und beobachtet dabei, wie der Reis langsam die Brühe aufnimmt. Die Körner müssen fest bleiben. Dann werden die restlichen Zutaten hinzugefügt, also z. B. Fleisch, Gemüse und Gewürze, schließlich Butter und Parmesan, die dem Risotto die sämige Konsistenz verleihen.

Im Kreislauf der Jahreszeiten

Italien wurde erst 1861 unter Garibaldi zu einem Nationalstaat, als sich die einzelnen Kleinstaaten zusammenschlossen. Doch die Italiener blieben der Region, aus der sie stammten, immer sehr verbunden. Auch heute noch betonen sie in der Gastronomie die lokalen Besonderheiten und legen großen Wert auf die Verwendung von regionalen Produkten. So hat jede Region ihren speziellen Risotto.

In Venedig zum Beispiel bietet die Lagune hervorragenden frischen Fisch, und auf den Inseln erntet man köstliches Gemüse. In dieser Gegend werden die besten Risotti mit Erbsen, Spargeln, Hopfentrieben, Aal und Meeresfrüchten zubereitet. Im Piemont liebt man Würste, Käse und Hülsenfrüchte. Die *panissa*, ein Gericht aus der traditionellen bäuerlichen Küche, ist ein Risotto, der mit Rotwein, Speck, Würsten, roten Bohnen und Zwiebeln zubereitet wird.

Auch in der Lombardei kommen die Landesprodukte zur Geltung, besonders Würste, Geflügelleber, Steinpilze und Süßwasserfische wie die Schleie. Die Lombardei ist auch die einzige Gegend, in der ein Risotto mit Safran zubereitet wird und als Beilage zu einem Fleischgericht, dem berühmten *osso bucco*, dient.

Im Risotto werden viele Produkte aus dem Garten und dem Meer in allen möglichen schmackhaften Variationen verarbeitet. Jedem Einzelnen bleibt es natürlich überlassen, seine ganz eigenen Risotti zu erfinden – mit Fantasie und Talent, aber unter Beachtung gewisser Regeln, wie sie diese klassische Speise der italienischen Küche eben erfordert.

Kurz nach der Ernte ist der Reis noch von einem Silberhäutchen überzogen. Auf einem langen schmalen Stängel befindet sich die schwere Ähre.

Die Fonds

Ein Hühner- oder Gemüsefond bildet die Grundlage für Risotti mit Fleisch, Käse oder Gemüse. Für bestimmte Rezepte mit besonderen Zutaten verwendet man unterschiedliche Fonds, deren Zubereitung beim jeweiligen Rezept genau angegeben wird.

Hühnerfond

Hühnerfond

Zubereitung: 15 Minuten
Garzeit: 90 Minuten
Für 2 Liter Fond

1 Zwiebel, mit einer Gewürznelke gespickt
2 Möhren, 1 Selleriestange
20 g grobkörniges Salz, 3 g Pfefferkörner
1 Suppenhuhn
1 Bund Gartenkräuter

Das Gemüse putzen, waschen und mit dem Huhn, den Gewürzen und den Kräutern in einen großen Kochtopf legen. Mit Wasser bedecken und auf mittlerer Flamme erhitzen. Beim ersten Aufkochen den Schaum abschöpfen und den Herd herunterschalten. Das Ganze 1 $^1/_2$ bis 2 Stunden köcheln lassen. Dann die Zutaten aus der Brühe nehmen, das Fett abgießen und den Fond kühl stellen.

Gemüsefond

Zubereitung: 20 Minuten
Garzeit: 40 Minuten
Für 2 Liter Fond

500 g Möhren, 3 Lauchstangen, 1 weiße Rübe, 1 Zwiebel, 2 Selleriestangen, 1 Knoblauchzehe
1 Bund Gartenkräuter, grobes Salz
Pfefferkörner

Das Gemüse putzen und waschen. Die Knoblauchzehe zerkleinern und alle Zutaten in einen großen Kochtopf geben. 2 ½ Liter Wasser, Salz und Pfeffer hinzufügen. Auf kleiner Flamme 40 Minuten köcheln lassen, durch ein Sieb gießen und kühl aufbewahren.

Vom Reis zum Risotto

Die Zubereitung eines Risotto erfolgt in neun Schritten, die eingehalten werden sollten, damit das Gericht gelingt.

RISOTTO MIT PARMESAN

5 EL Olivenöl
1 Zwiebel
1 Möhre
1 Staudensellerie
500 g Reis
0,2 l trockener Weißwein
1 1/2 l Fond
Salz und Pfeffer
30 g kalte Butter
2 EL geriebener Parmesan

Mantecare
Dieser Vorgang kommt in fast allen Rezepten vor und besagt, dass dem Risotto zuletzt Butter und geriebener Parmesan hinzugefügt werden. Mit einem Holzlöffel, dessen Löffelkelle mit einem ausgekerbten Loch versehen ist, wird alles gut durchmischt, damit der Risotto sämig wird. Wir nennen diesen Vorgang »cremig rühren«.

All'onda
Wenn man den Risotto *all'onda* serviert, bedeutet dies: er ist so flüssig, dass er Wellen schlägt und Ähnlichkeit mit einer Suppe hat.

Reissorten

Die Sorten **Carnaroli** und **Arborio** können für alle Rezepte verwendet werden. Der **Vialone nano** zeichnet sich durch feinere Körner aus. Er eignet sich am besten für Risotto-Rezepte *all'onda*.

1. In einer Sauteuse 4 Esslöffel Olivenöl erhitzen und das klein geschnittene Gemüse darin auf kleiner Flamme kurz anbraten.

2. Wenn das Gemüse leicht angebräunt ist, den Reis hinzufügen und unter Rühren mitbraten, bis die Körner glasig und perlmuttfarben, aber nicht gebräunt sind.

3. Den Reis gründlich mit dem Gemüse vermischen.

4. Den Wein angießen und das Ganze köcheln lassen, bis er absorbiert ist.

5. Den Fond angießen und den Risotto bei schwacher Hitze 15 Minuten garen.

6. Die kalte Butter in Stücken an den Risotto geben.

7. Den Risotto mit dem Kochlöffel kräftig durchmischen.

8. Den Risotto mit dem geriebenen Parmesan bestreuen.

9. *Mantecare*: Den Risotto kräftig durchschlagen, bis er die gewünschte cremige Konsistenz aufweist.

Frühling

Risotto primavera

Risotto mit Frühlingsgemüse

Zubereitung: 30 Minuten
Garzeit: 50 Minuten
Für 6 Personen

400 g Risottoreis Carnaroli oder Arborio Superfino
500 g grüne Erbsen in der Schote
12 grüne Spargel
2 kleine Zucchini (300 g)
50 g frischer Spinat
2 Tomaten
2 Zwiebeln
1 Lauchstange
2 Möhren
2 Selleriestangen
6 kleine Artischocken
1 Lorbeerblatt
3 EL Olivenöl
0,2 l trockener Weißwein
1 EL Zitronensaft
1/2 Teelöffel gehacktes Basilikum
80 g Butter
Salz und Pfeffer aus der Mühle
60 g geriebener Parmesan

Das Gemüseparadies

In Italien wachsen viele Gemüsesorten, die keineswegs nur als Beilage dienen. Vielmehr werden aus ihnen eigene, wunderbare Gerichte gezaubert. In Venedig sind die Inseln der Lagune regelrechte Gemüsegärten, und auf den Märkten der Stadt kann man die ganze Vielfalt dieser Gemüsearten bestaunen und ihren Duft wahrnehmen. Es gibt einen Risotto, der vor allem aus diesem Gemüse zubereitet wird: Er heißt Risotto alla Torcellana *und ist fast wie ein Lobgesang auf die Insel Torcello mit ihren einzigartigen Gemüsegärten, in denen viele Arten Gemüsesorten gedeihen.*

Die Erbsen palen, die Schoten waschen und beiseite legen. Die grünen Spargel schälen, das holzige Ende abschneiden und die Stangen in mundgerechte Stücke schneiden. Die Zucchini waschen und klein würfeln, den Spinat waschen und gut abtropfen lassen. Die Tomaten waschen, entkernen und das Fruchtfleisch würfeln. Das übrige Gemüse mit Ausnahme der Artischocken putzen, waschen und in mundgerechte Stücke schneiden.

Für den Fond die Erbsen- und Spargelabfälle zusammen mit 1 Zwiebel, 1 Möhre, 1 Selleriestange, der Lauchstange und 1 Lorbeerblatt in 2 l Wasser aufkochen. Den Fond 20 Minuten köcheln lassen und durch ein Sieb abgießen.

Das Olivenöl erhitzen und die Reste von Zwiebeln, Möhren und Sellerie darin anbraten. Den Reis zum Gemüse geben und alles unter Rühren weiterbraten, bis der Reis mit Öl überzogen, aber nicht gebräunt ist.

Den Weißwein angießen und den Risotto auf kleiner Flamme köcheln lassen, bis der Reis den Wein vollständig aufgenommen hat. Nun den Fond zusammen mit Erbsen, Spargelstücken und Zucchiniwürfeln zum Reis geben und alles zugedeckt etwa 15 Minuten köcheln lassen.

In der Zwischenzeit die Artischockenblätter abzupfen, in Streifen schneiden, mit Zitrone beträufeln und fünf Minuten in etwas Olivenöl schwenken.

Drei Minuten vor Ende der Garzeit Artischocken und Basilikum zum Risotto geben. Zuletzt die Butter unterziehen und alles mit Salz und Pfeffer abschmecken. Den Parmesan getrennt dazu reichen.

Weinempfehlung:

Ein Chardonnay oder Soave classico, ein Weißwein aus der Touraine.

Risotto con carciofi

Risotto mit kleinen Artischocken

Zubereitung: 15 Minuten
Garzeit: 40 Minuten
Für 6 Personen

450 g Risottoreis Vialone nano
24 kleine Artischocken
Saft einer Zitrone
8 EL Olivenöl
1 Zwiebel
1 Möhre
0,2 l trockener Weißwein
1,5 l Hühnerfond (S. 32)
Salz und Pfeffer aus der Mühle
120 g kalte Butter
100 g geriebener Parmesan

Von den Artischocken die Stiele am Ansatz und die Spitzen abschneiden. Die harten äußeren Blätter entfernen. Die Artischocken der Länge nach halbieren, das Heu entfernen und die Artischockenhälften in Zitronenwasser legen.
Die Artischocken abtropfen lassen, vierteln und in 2 Esslöffel heißem Olivenöl auf kleiner Flamme etwa 10 Minuten garen.
Inzwischen die Zwiebel schälen, die Möhre putzen und beides klein würfeln. In einer Kasserolle das restliche Olivenöl erhitzen und die Zwiebel und die Möhre darin leicht anbräunen. Den Reis einstreuen und mit dem Öl und dem Gemüse vermengen, aber nicht bräunen lassen.
Den Weißwein angießen und einziehen lassen. Den Fond dazugeben und den Risotto 15 Minuten auf kleiner Flamme köcheln lassen. Etwa nach der Hälfte der Garzeit die vorbereiteten Artischocken zum Risotto geben und das Ganze zusammen weitergaren.

Ohne Abfälle

Auf den Märkten Venetiens kann man die kleinen Artischocken bereits ohne Stiel und harte Blätter kaufen. Man muss sie dann nur noch waschen und in die Pfanne geben. Eine gute Alternative sind auch die kleinen violetten Artischocken aus der Provence, die keine Stängel haben. Aber schauen Sie selbst, was auf unseren einheimischen Märkten an Artischocken geboten wird!

Sobald der Reis weich, aber noch bissfest ist, den Risotto mit Salz und Pfeffer abschmecken. Dann die kalte Butter zugeben und auf dem Risotto zergehen lassen. Alles mit dem Parmesan bestreuen.
Den Herd abschalten und den Risotto 1 bis 2 Minuten ruhen lassen. Dann die Butter und den Käse schnell unterziehen und das Gericht all'onda servieren.

Weinempfehlung:
Ein Soave superiore DOC oder ein Weißwein aus der Touraine.

Risotto con spinaci

Risotto mit Spinat

Zubereitung: 15 Minuten
Garzeit: 30 Minuten
Für 6 Personen

400 g Risottoreis Vialone nano
1 kg Spinat, 1 Zwiebel
200 g geräucherter Speck
3 EL Olivenöl
0,2 l trockener Weißwein
1,5 l Hühnerfond (S. 32)
Salz und Pfeffer aus der Mühle
60 g kalte Butter
100 g geriebener Parmesan

Die Spinatblätter putzen, mehrmals waschen und abtropfen lassen. Strünke und Blattadern entfernen. Anschließend die Blätter in Streifen schneiden.
Die Zwiebel schälen und klein schneiden. Den geräucherten Speck würfeln. Das Olivenöl in einer Sauteuse erhitzen und den Speck darin auslassen. Die Zwiebel und den Spinat hinzufügen und bei kräftiger Hitze 3 bis 4 Minuten anbräunen. Nun den Reis einstreuen und gut mit dem Öl und dem Gemüse vermengen. Den Wein angießen und alles auf kleiner Flamme köcheln lassen, bis der Reis die Flüssigkeit aufgenommen hat. Anschließend die Brühe hinzugeben und das Ganze zugedeckt bei schwacher Hitze 15 Minuten garen lassen. Abschmecken und mit der kalten Butter und dem Parmesan abseits vom Feuer cremig schlagen.

Weinempfehlung:
Ein Merlot DOC aus dem Veneto.

Zwei unverwechselbare Käsesorten

gibt es in Italien: den Parmeggiano Reggiano und den Grana Padano; die Bezeichnung ist jeweils in die Rinde eingraviert. Hergestellt werden sie nach dem gleichen Verfahren, der Parmeggiano Reggiano in der Reggio Emilia, der Grana Padano in der Po-Ebene. Der Parmeggiano besteht aus einer Mischung aus Abend- und Morgenmilch. Die Käsemasse wird erhitzt. Danach müssen die Käselaibe ein bis zwei Jahre reifen. Dieses Herstellungsverfahren lässt sich bis ins 13. Jahrhundert zurückverfolgen. Danach muss der Parmeggiano Reggiano 24 Monate reifen (einige Käseliebhaber bestehen sogar auf 36 Monaten!). Der Grana Padano benötigt nur zwölf Monate zur Reifung. Beide Käsearten allerdings geben dem Risotto seinen spezifischen Geschmack und die erwünschte Sämigkeit. Der Grana Padano ist weniger gesalzen und etwas milder und wird deshalb in der italienischen Küche für den Risotto bevorzugt. In einigen Restaurants des Piemont wird er in einer zweigeteilten Form serviert.

Risi e bisi

Risotto mit Erbsen

Zubereitung: 25 Minuten
Garzeit: 45 Minuten
Für 6 Personen

400 g Risottoreis Carnaroli
1 kg Erbsen in der Schote
2 mittelgroße Zwiebeln
1 Möhre
1 Selleriestange
1 Lorbeerblatt
etwas grobes Salz
Olivenöl
100 g Butter
10 g Zucker
etwas gehackte Petersilie
Salz und Pfeffer aus der Mühle
100 g geriebener Parmesan

Der Risotto des Dogen

Eine besondere Spezialität in Venetien, wo seit jeher Erbsen auf den Inseln der Lagune angebaut wurden. Dieses Gericht wurde der Tradition gemäß am Fest des heiligen Markus, also des Schutzpatrons von Venedig, dem Dogen gereicht. Bei frischen Erbsen müssen die Schoten genauso grün wie die Erbsen selbst sein.

Die Erbsen palen. Die Schoten waschen und beiseite legen. Das übrige Gemüse putzen, waschen und klein schneiden.
Für den Fond die Schoten mit 1 Zwiebel, 1 Lorbeerblatt, dem übrigen Gemüse und grobkörnigem Salz in 1,5 l kaltem Wasser zum Kochen bringen, abschäumen und bei mittlerer Hitze 20 Minuten köcheln lassen. Den Fond abseihen.
Den Risotto entsprechend dem Grundrezept (S. 34–44) zubereiten. Vor dem Angießen des Fonds 0,1 l Fond abnehmen und beiseite stellen.
Während der Risotto gart, die übrige Zwiebel in etwas Öl und Butter andünsten. Erbsen, Zucker und Petersilie dazugeben, salzen, pfeffern und mit dem übrigen Fond angießen. Die Erbsen 10 Minuten bei kleiner Flamme garen lassen.
Etwa fünf Minuten vor Ende der Garzeit Erbsen und Käse untermischen, abschmecken und abseits vom Feuer die Butter auf dem Risotto schmelzen lassen.

Weinempfehlung:
Ein Bardolino aus Venetien.

Risotto con bruscandoli

Risotto mit Hopfentrieben

Zubereitung: 45 Minuten
Garzeit: 30 Minuten
Für 6 Personen

450 g Risottoreis Vialone nano
1 kg Bruscandoli bzw. Hopfentriebe
1 Zwiebel
1 Selleriestange
5 EL Olivenöl
Salz und Pfeffer aus der Mühle
1,5 l Hühner- oder Gemüsefond (S. 32/33)
100 g Butter
100 g Parmesan

Die Bruscandoli etwa 1/2 Stunde in kaltes Wasser legen.
Zwiebel und Sellerie putzen, klein schneiden und im heißen Olivenöl anbraten. Die klein geschnittenen Hopfentriebe hinzufügen, ohne sie allzu sehr abtropfen zu lassen. Alles vermischen, salzen, pfeffern und 15 Minuten dünsten lassen. Den Reis einstreuen und mit dem Fond nach Grundrezept (S. 34–44) zubereiten.
Am Ende der Garzeit nochmals abschmecken, mit der Butter und dem Parmesan cremig rühren. Dieser Risotto wird all'onda serviert.

Weinempfehlung:
Ein Chardonnay aus dem Veneto.

Zarte Hopfentriebe

In Italien wächst Hopfen wild, und in Venetien hat man mit diesem Risotto-Rezept eine kulinarische Spezialität geschaffen. Im Frühjahr findet man Hopfentriebe überall auf den Märkten. Sie können nördlich der Alpen aber auch durch einheimische Produkte ersetzt werden.

Risotto alle erbette

Risotto mit Gartenkräutern

Zubereitung: 20 Minuten
Garzeit: 30 Minuten
Für 6 Personen

450 g Risottoreis Carnaroli
1 Bund gemischte Kräuter, z. B. Kerbel, Schnittlauch, Petersilie, Basilikum, Rucola und Majoran
1 Zwiebel
1 Möhre
1 Selleriestange
3 Frühlingszwiebeln
1 Lauchstange
2 EL Olivenöl
1,5 l Gemüsefond (S. 33)
Salz und Pfeffer aus der Mühle
80 g kalte Butter
100 g geriebener Parmesan
50 g Mascarpone

Die Kräuter waschen, trockentupfen. Einige Kräuter beiseite legen, die übrigen fein hacken. Die Zwiebel schälen, Möhre, Selleriestange, Frühlingszwiebeln und Lauch putzen und waschen. Das Gemüse klein schneiden.
Das Olivenöl in einer Sauteuse erhitzen und das Gemüse darin auf kleiner Flamme anbraten. Wenn es leicht gebräunt ist, den Reis dazugeben und unter Rühren einige Minuten mitbraten, aber nicht bräunen. Die gehackten Kräuter dazugeben, den Fond angießen und den Risotto zugedeckt etwa 15 Minuten bei schwacher Hitze köcheln lassen.
Den Risotto mit Salz und Pfeffer abschmecken, die kalte Butter, den Parmesan und den Mascarpone hinzugeben, aber nicht untermischen. Den Topf vom Herd nehmen und das Ganze 1 bis 2 Minuten ruhen lassen. Zuletzt den Risotto cremig rühren und mit den restlichen Kräutern garnieren.

Weinempfehlung:
Ein Prosecco di Valdobiadene oder ein Prosecco di Chardonnay.

Risotto con spugnole

Risotto mit Morcheln

Zubereitung: 20 Minuten
Garzeit: 40 Minuten
Für 6 Personen

400 g Risottoreis Carnaroli Superfino
1 kg Morcheln
5 EL Olivenöl
100 g kalte Butter
1 Zwiebel
0,2 l trockener Weißwein
1,5 l Hühnerfond (S. 32)
1 EL fein gehackter Kerbel
Salz und Pfeffer aus der Mühle
100 g geriebener Parmesan
50 g Mascarpone

Die Morcheln putzen, dabei die Stiele etwas abschneiden. Die Pilze mehrfach gründlich waschen und abtrocknen. Die Stiele bei der Zubereitung des Hühnerfonds mitkochen.

Die Morcheln ungefähr 20 Minuten im heißen Hühnerfond einweichen, dann herausnehmen. In einer Pfanne 1 EL Olivenöl und 20 g Butter erhitzen, die Morcheln darin anschwitzen und warm stellen, damit sich ihr Aroma entfalten kann.

Die Zwiebel schälen und fein hacken. In einer Sauteuse das restliche Olivenöl erhitzen und die Zwiebel darin anbraten. Sobald die Zwiebel zu bräunen beginnt, den Reis einstreuen, mit dem Olivenöl und der Zwiebel vermischen und einige Minuten mitbraten, ohne zu bräunen.

Den Wein angießen und bei milder Hitze köcheln lassen, bis der Reis ihn völlig aufgesogen hat. Nun den Hühnerfond zum Reis geben und das Ganze 15 Minuten zugedeckt köcheln lassen.

3 Minuten vor dem Ende der Garzeit die Morcheln zum Risotto geben und alles mit Salz und Pfeffer abschmecken. Dann die restliche Butter, den Parmesan und den Mascarpone dazugeben, aber nicht untermengen. Den Risotto abseits vom Feuer 1 bis 2 Minuten ruhen lassen, dann cremig rühren und mit etwas Kerbel garnieren.

Eine Rarität

Morcheln findet man im April und Mai im Jura und in der Franche-Comté in Hülle und Fülle. Wegen ihres feinen Geschmacks sind sie sehr begehrt. In der übrigen Zeit kann man aber stattdessen auch getrocknete Morcheln nehmen, die im Hühnerfond eingeweicht werden.

Weinempfehlung:
Ein fruchtiger Weißwein aus dem Jura.

Risotto con asparagi verdi e spugnole

Risotto mit grünem Spargel und Morcheln

Zubereitung: 20 Minuten
Garzeit: 50 Minuten
Für 6 Personen

400 g Risottoreis Carnaroli Superfino
600 g Morcheln
1,5 l Hühnerfond (S. 32)
5 EL Olivenöl
100 g kalte Butter
1 Zwiebel
500 g Bund grüner Spargel
0,2 l trockener Weißwein (z. B. Chardonnay)
Salz und Pfeffer aus der Mühle
70 g geriebener Parmesan
50 g Mascarpone
1 Bund Kerbel, fein gehackt

Die Morcheln putzen, die Stiele etwas abschneiden, die Pilze mehrmals waschen und trockentupfen. Die Stiele ungefähr 20 Minuten im heißen Hühnerfond ziehen lassen. Etwas Öl und Butter in einer Pfanne erhitzen. Die Morcheln darin andünsten und warm stellen.
Die Zwiebel schälen und fein hacken. Den Spargel schälen, das untere Ende abschneiden. Die Spargelspitzen abschneiden und beiseite stellen, den Rest in kleine Stücke schneiden. Das restliche Olivenöl erhitzen und die Zwiebel und die Spargelstücke etwa 10 Minuten darin dünsten. Sobald die Zwiebel zu bräunen beginnt, den Reis einstreuen und unter Rühren einige Minuten mitbraten lassen. Den Wein angießen und das Ganze auf kleiner Flamme köcheln lassen, bis der Reis den Wein vollständig aufgenommen hat. Nun den Fond angießen und den Risotto etwa 15 Minuten zugedeckt auf kleiner Flamme köcheln. Etwa bei Hälfte der Garzeit die Morcheln dazugeben.
Den Risotto mit Salz und Pfeffer abschmecken, die restliche Butter, den Parmesan und den Mascarpone hinzugeben, aber nicht untermischen. Den Risotto abseits vom Feuer zugedeckt 1 bis 2 Minuten stehen lassen, dann cremig rühren. Den Risotto mit Kerbel bestreuen und gleich servieren.

Weinempfehlung:
Ein leichter Weißwein aus dem Jura oder ein Verduzzo aus dem Veneto.

Feine, zarte Spitzen

In Italien wächst der grüne Spargel vor allem in der Emilia Romagna, aber auch in Venetien sowie im Piemont. Dank der Erfindung des Dampfkochtopfs lassen sich diese zarten Spitzen sehr schonend garen. Wenn man sie im Wasser kocht, sollte man die Spargelstangen aufrecht in den Kochtopf stellen und die zarten Spitzen aus dem Wasser herausragen lassen. Aus dem Spargelwasser, das nach dem Kochen übrig bleibt, kann man eine schmackhafte Brühe zubereiten.

Risotto con asparagi bianchi e spinaci novelli

Risotto mit weißem Spargel und jungem Blattspinat

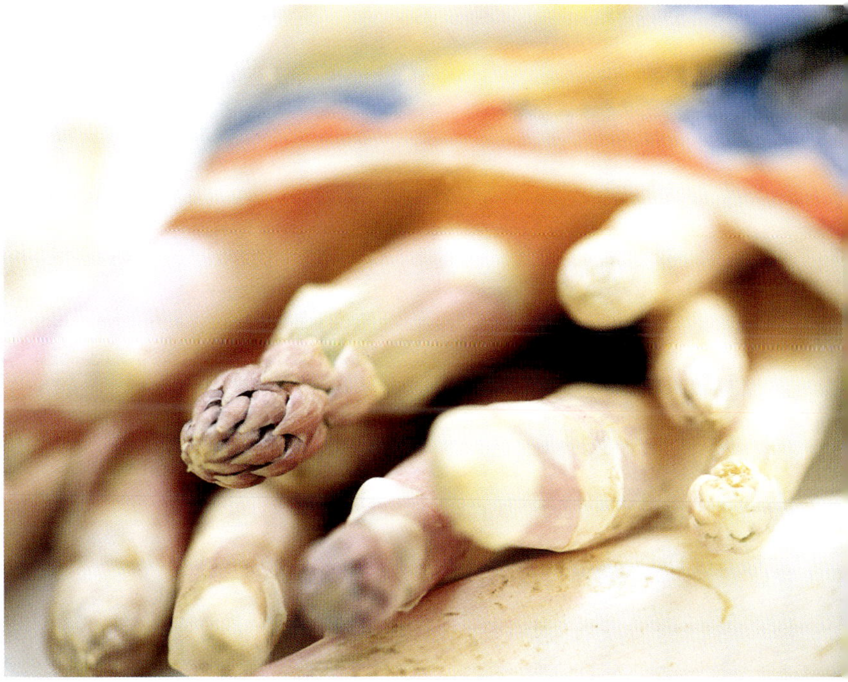

Zubereitung: 25 Minuten
Garzeit: 40 Minuten
Für 6 Personen

400 g Risottoreis Carnaroli Superfino
350 g Frühspinat
1 Zwiebel
1 Bund (500 g) weißer Spargel oder 500 g weiße Spargelspitzen
1,5 l Hühnerfond (S. 32)
5 EL Olivenöl
0,2 l trockener Weißwein (z. B. Chardonnay)
Salz und Pfeffer aus der Mühle
80 g kalte Butter
80 g geriebener Parmesan

Den Spinat mehrmals waschen und abtropfen lassen. Die Zwiebel schälen und fein hacken. Den Spargel schälen, die Stangenenden und die Spitzen abschneiden. Den Rest der Stangen in kleine Stücke schneiden. Spargelspitzen und -stücke im Hühnerfond weich kochen und abtropfen lassen.

Das Olivenöl in einer Sauteuse erhitzen und die Zwiebel darin leicht anbraten. Sobald sie zu bräunen beginnt, den Reis einstreuen und unter ständigen Rühren einige Minuten mitbraten, aber nicht bräunen lassen. Den Wein hinzufügen und einziehen lassen. Den Fond angießen und den Risotto zugedeckt etwa 15 Minuten bei schwacher Hitze köcheln lassen. Nach der Hälfte der Garzeit den Spargel dazugeben. Etwa 3 Minuten vor dem Ende der Garzeit die jungen Spinatblätter unter den Reis mischen und das Ganze mit Salz und Pfeffer abschmecken.

Wenn der Risotto weich, aber noch bissfest ist, vom Herd nehmen, Butter und Parmesan dazugeben und alles zugedeckt 1 bis 2 Minuten ruhen lassen. Den Risotto cremig rühren.

Gutes Olivenöl

Leicht und mild, samtig, fruchtig und dickflüssig – mit diesen Eigenschaften lässt sich erstklassiges Olivenöl beschreiben. Um die richtige Wahl zu treffen, empfiehlt es sich, wie bei guten Weinen, es selbst zu probieren. Das „Olivenöl extra vergine" ist das allerbeste; es ist wie reiner Obstsaft mit einwandfreiem Geschmack und einem Säuregehalt, der 1% nicht übersteigt.

Weinempfehlung:
Ein Chardonnay aus dem Veneto.

Risotto con le rane

Risotto mit „Froschschenkeln"

Zubereitung: 20 Minuten
Garzeit: 40 Minuten
Für 6 Personen

450 g Risottoreis Vialone nano
800 g Hühnerbrustfilets (für das Originalrezept werden Froschschenkel verwendet)
1 Knoblauchzehe
6 EL Olivenöl
2 EL gehackte Petersilie
1 Selleriestange, gewaschen und klein geschnitten
1 Lorbeerblatt
1 Scheibe von einer unbehandelten Zitrone
0,4 l trockener Weißwein
$^1/_8$ l dicke Tomatensauce (S. 76)
Salz und Pfeffer aus der Mühle
2 Zwiebeln
1,5 l Hühnerfond (S. 32)
80 g Butter
50 g geriebener Parmesan

Froschschenkel

Die Reisanbaugebiete der Po-Ebene sind für diese kleinen Amphibien ein idealer Lebensraum. Und die Italiener lieben sie und sind sogar ein bisschen verrückt nach ihrem weichen, zarten und wohl schmeckenden Fleisch. Sie bereiten die Froschschenkel mit Ei und Paniermehl zu, frittiert oder lediglich geschmort. Froschschenkel werden heute überwiegend aus Asien in die EU importiert – oft aus dubiosen Quellen. Aus Gründen des Tier- und Umweltschutzes sollte man auf diesen „Genuss" verzichten – zumal sich Froschschenkel leicht durch Hühnerfleisch ersetzen lassen.

Die Froschschenkel bzw. das in knapp fingerdicke Streifen geschnittene Hühnerfleisch mit einer ungeschälten Knoblauchzehe in 2 Esslöffel Olivenöl braten. Wenn das Fleisch leicht angebräunt ist, das Öl abgießen, die gehackte Petersilie, die klein geschnittenen Selleriestangen, das Lorbeerblatt, die Zitronenscheibe, die Hälfte des Weißweins und die Tomatensauce dazugeben, das Ganze salzen, pfeffern und noch etwa 5 Minuten köcheln lassen.
Die Zwiebeln schälen und fein hacken. In einer Sauteuse das restliche Olivenöl erhitzen und die Zwiebeln darin leicht anbräunen. Den Reis dazugeben und wenige Minuten mitbraten. Mit dem restlichen Weißwein ablöschen und, sobald der Reis den Wein aufgesogen hat, mit dem Hühnerfond aufgießen. Den Risotto zugedeckt köcheln lassen. Nach 12 Minuten das Fleischragout dazugeben. Zuvor die Zitronenscheibe sowie das Lorbeerblatt herausnehmen.
Den Risotto weitere 3 bis 5 Minuten köcheln lassen, abschmecken und dann die Butter und den Käse hinzugeben. Den Risotto abseits vom Feuer 2 Minuten ziehen lassen und dann cremig rühren.

Weinempfehlung:
Ein Riesling italico aus der Lombardei oder ein Chablis.

Risotto ai frutti di mare e filetti di sogliola

Risotto mit Meeresfrüchten und Seezungenfilet

Zubereitung: 40 Minuten
Garzeit: 50 Minuten
Für 6 Personen

Für den Fischfond
1 kg Fisch- und Krustentierabfälle
1 Zwiebel, 1 Möhre
1 Selleriestange
1 Thymianzweig und 1 Lorbeerblatt
1 Bund glatte Petersilie
1 Knoblauchzehe, 1 Lauchstange
1 Scheibe einer unbehandelten Zitrone
10 Pfefferkörner
$^1/_2$ l trockener Weißwein

Für den Risotto
400 g Risottoreis Vialone nano
1 kg gemischte Muscheln (Herzmuscheln, Jakobsmuscheln, Miesmuscheln und Venusmuscheln)
1 Zwiebel
2 EL Olivenöl
0,2 l trockener Weißwein
3 küchenfertige Seezungenfilets
100 g geschälte Garnelen
Salz und Pfeffer aus der Mühle
80 g kalte Butter

Für den Fischfond alle Zutaten mit 1,5 l Wasser aufsetzen, 20 Minuten kochen lassen und durch ein Sieb abgießen.
Für den Risotto die Muscheln sorgfältig waschen. Abtropfen lassen und mit etwas Wasser in einen Topf geben. Bei starker Flamme garen, bis sie sich öffnen. Nicht geöffnete Muscheln wegwerfen. Das Muschelfleisch aus den Schalen lösen und beiseite stellen. Das Muschel-Kochwasser durch ein Sieb geben. Das Muschelfleisch mit dem Muschelwasser in den Fischfond geben.
Die Zwiebel schälen, in kleine Stücke schneiden und im Olivenöl leicht anbräunen. Dann den Reis einstreuen und bei mäßiger Hitze unter ständigem Rühren einige Minuten braten, bis der Reis glasig ist. Den Weißwein angießen und völlig einziehen lassen. Mit dem Fischfond aufgießen und das Ganze etwa 15 Minuten köcheln lassen.
Inzwischen die Seezungenfilets 3 Minuten in der Muschelbrühe dünsten.
3 Minuten vor Ende der Garzeit Muscheln und Garnelen zum Risotto geben und das Ganze mit Salz und Pfeffer abschmecken. Mit der Butter cremig rühren und mit den Seezungenfilets anrichten.

Weinempfehlung:
Ein Tocaï aus dem Veneto oder ein Beaune blanc.

Muscheln aus Bouchol

In der französischen Küche bevorzugt man sie, weil sie zart, fleischig und vollmundig sind. Die Muscheln werden im Meer auf Eichenpflöcken gezüchtet. In Deutschland ist es mitunter schwierig, frische Muscheln zu bekommen.
Muscheln müssen unter fließendem Wasser sorgfältig gereinigt werden, damit sie nicht sandig sind. Muscheln, die schon halb geöffnet sind, oder solche, die beim Kochen an der Oberfläche schwimmen, sind verdorben.

Risotto con fongadina

Risotto mit Innereien vom Zicklein

Zubereitung: 20 Minuten
Garzeit: 90 Minuten
Für 6 Personen

400 g Risottoreis Carnaroli
1 Zwiebel
1/2 Bund Petersilie
4 EL Olivenöl
6 EL gewaschenes und in feine Streifen geschnittenes Geschlinge – Herz, Lunge und Leber – vom Zicklein
0,2 l trockener Weißwein
1,5 l Hühner- oder Fleischfond (S. 32/147)
1 Lorbeerblatt
1 Rosmarinzweig
Salz und Pfeffer aus der Mühle
80 g Butter
80 g Parmesan oder Pecorino, besser noch: geriebener Sardo

Die Zwiebel schälen und fein hacken. Die Petersilie waschen, trockentupfen und ebenfalls fein hacken. In einer Sauteuse das Olivenöl erhitzen. Die Zwiebel zusammen mit dem Geschlinge im heißen Öl kräftig anbraten, dann mit dem Weißwein und 0,1 Liter Fleischfond ablöschen. Die Petersilie, das Lorbeerblatt und den Rosmarin dazugeben, salzen und pfeffern. Das Ragout zugedeckt bei schwacher Hitze eine Stunde schmoren lassen.
Am Ende der Garzeit den Reis einstreuen und bei mäßiger Hitze unter Rühren einige Minuten erhitzen, bis der Reis glasig ist. Das Ganze mit dem restlichen Fond angießen und zugedeckt weitere 15 Minuten garen.
Den Risotto vom Feuer nehmen und abschmecken. Die Butter und den Käse dazugeben und abseits vom Feuer zergehen lassen. Zuletzt den Risotto cremig rühren.

Weinempfehlung:
Ein Terre brune aus Sardinien oder ein korsischer Weißwein aus Patrimonio.

Der Acquerello, *ein biologischer Risottoreis der Sorte* Carnaroli, *wird seit drei Generationen von derselben Familie in Colombara angebaut.*

Risotto in cavroman

Risotto mit Lamm

Zubereitung: 30 Minuten
Garzeit: 60 Minuten
Für 6 Personen

400 g Risottoreis Carnaroli
3 frische Tomaten
1 mittelgroße Zwiebel
1 Selleriestange
1 Möhre
400 g Lammschulter
1 EL Olivenöl
12 Salbeiblätter
Salz und Pfeffer aus der Mühle
1,5 l Hühnerfond (S. 32)
1 Zimtstange
2 Nelken
etwas geriebene Muskatnuss
0,2 l Weißwein
2 EL Moscato di Pantelleria, ersatzweise Marsala
80 g geriebener Pecorino

Die Tomaten schälen, entkernen und in kleine Würfel schneiden. Die Zwiebel schälen und fein hacken. Selleriestange und Möhre putzen, waschen und in mundgerechte Stücke schneiden. Die Lammschulter klein würfeln.

Das Olivenöl in einem schweren Topf erhitzen und das Fleisch darin anbraten. Das Gemüse und die Salbeiblätter hinzufügen, salzen und pfeffern. Mit 1/4 Liter Hühnerfond ablöschen, die Zimtstange und die Nelken dazugeben. Etwas Muskatnuss über das Ragout reiben und das Ganze 30 Minuten bei mittlerer Hitze köcheln lassen.

Am Ende der Garzeit den Reis zum Ragout geben und gut untermischen. Den Weißwein und den Dessertwein angießen und den Risotto köcheln lassen, bis der Reis die Flüssigkeit aufgenommen hat. Nun den restlichen Hühnerfond angießen und den Risotto etwa 15 Minuten garen.

Zuletzt den Risotto mit dem Pecorino bestreuen und gut durchrühren.

Weinempfehlung:

Ein Crozes-Hermitage rouge aus dem Rhônetal.

Weiß und pikant

Jede Region – wie etwa Latium, Sardinien, Sizilien oder die Toscana – hat ihren eigenen Pecorino, einen sehr beliebten Schafskäse. Der Geschmack variiert entsprechend der Gegend und dem Reifeprozess des Käses von mild bis sehr würzig. Pecorino wird immer aus Schafsmilch hergestellt, und seine weiße, kompakte Masse ist von kleinen Löchern durchsetzt. Er wird wie Parmesan verwendet.

Risotto con petto d'anitra e ciliege

Risotto mit Entenbrust und Kirschen

Zubereitung: 25 Minuten
Garzeit: 40 Minuten
Für 6 Personen

450 g Risottoreis Carnaroli
450 g Sauerkirschen
1 Zwiebel
1 Möhre
1 Selleriestange
2 EL Olivenöl
1,5 l Hühnerfond (S. 32)
2 Entenbrüste
Salz und Pfeffer aus der Mühle
1 EL Sherryessig
1 EL Honig
60 g kalte Butter
60 g geriebener Parmesan

Die Kirschen waschen und entkernen. Die Zwiebel schälen und zusammen mit der Möhre und der Selleriestange klein hacken.

In einem hohen Topf das Olivenöl erhitzen und das Gemüse bei mäßiger Hitze darin anbraten. Sobald es zu bräunen beginnt, den Reis dazugeben und unter ständigem Rühren mitbraten, bis die Körner glasig sind. Den Fond angießen und den Risotto bei schwacher Hitze zugedeckt 15 Minuten garen.

In der Zwischenzeit die Entenbrüste in Würfel schneiden und auf der Fleischseite salzen und pfeffern. Eine beschichtete Pfanne erhitzen, die Entenbrustwürfel mit der Haut nach unten hineinlegen und etwa 8 Minuten anbraten. Danach die Entenbrüste wenden, von der anderen Seite weitere 5 Minuten braten, aus der Pfanne nehmen und warm stellen.

Das Fett abgießen und den Essig sowie den Honig in die Pfanne geben. Aufkochen lassen und die Kirschen auf kleinster Flamme in der Essig-Honig-Mischung erhitzen.

Den Risotto 5 Minuten vor dem Ende der Garzeit abschmecken. Die Entenbrustwürfel zusammen mit den Kirschen untermischen. Zuletzt die kalte Butter und den Parmesan hinzufügen und abseits vom Feuer zergehen lassen. Den Risotto cremig rühren und sofort servieren.

Weinempfehlung:

Ein Valpolicella classico aus dem Val Pantena oder Rotwein aus dem Roussillon.

Risi e patate

Risotto mit Kartoffeln

Zubereitung: 15 Minuten
Garzeit: 40 Minuten
Für 6 Personen

350 g Risottoreis Vialono nano
700 g neue Kartoffeln, festkochend
2 Zwiebeln
200 g durchwachsener Speck
1 EL Olivenöl
1 Rosmarinzweig
1 Glas trockener Weißwein
1,5 l Hühnerfond (S. 32)
Salz und Pfeffer aus der Mühle
60 g Butter
100 g geriebener Parmesan

Die Kartoffeln schälen und würfeln. Die Zwiebeln schälen und klein schneiden. Den Speck in dünne Streifen schneiden und im heißen Olivenöl ausbraten. Die Kartoffeln, die Zwiebeln und den Rosmarin dazugeben und alles bei mittlerer Hitze 4 bis 5 Minuten braten.

Den Reis einstreuen und unter Rühren einige Minuten mitbraten, bis er glasig ist. Den Weißwein hinzugießen und köcheln lassen, bis der Reis die Flüssigkeit aufgenommen hat. Nun mit dem Fond aufgießen und den Risotto etwa 16 Minuten zugedeckt garen lassen. Das Gericht soll all'onda, also noch etwas flüssig sein.

Den Risotto mit Salz und Pfeffer abschmecken, Butter und Käse dazugeben, 2 Minuten ruhen lassen und cremig rühren.

Weinempfehlung:
Ein Pinot nero aus dem Trentino oder ein Côte Roannaise von der Loire.

Mild und marmoriert

Der Gorgonzola, der seinen Namen von der gleichnamigen Ortschaft in der Lombardei hat, ist ein cremiger, fetter Käse aus Kuhmilch. Er zeichnet sich durch seinen unverwechselbaren Geschmack aus, den er einem besonderen Schimmelpilz verdankt. Er eignet sich hervorragend für Pasta- oder Gnocchi-Saucen und verleiht auch dem Risotto ein würziges Aroma.

Frühkartoffeln

Diese Kartoffeln werden geerntet, bevor sie ihre volle Reife erlangt haben. Ihre Haut, die sich gerade erst frisch gebildet hat, ist noch sehr zart und wasserhaltig.

Risotto al gorgonzola

Risotto mit Gorgonzola

Zubereitung: 10 Minuten
Garzeit: 30 Minuten
Für 6 Personen

500 g Risottoreis Carnaroli
1 Zwiebel
5 EL Olivenöl
0,2 l trockener Weißwein
1,5 l Hühnerfond (S. 32)
Salz und Pfeffer aus der Mühle
80 g Butter
150 g Gorgonzola
50 g geriebener Parmesan

Den Risotto nach dem Grundrezept (S. 34–44) zubereiten. Den Gorgonzola zerbröseln und zusammen mit dem Parmesan zum Risotto geben.

Weinempfehlung:
Soave Capitel Foscarino.

Sommer

In den Farben des Südens

Die gelben und roten Paprikaschoten sind die mildesten und süßesten, haben aber dennoch den typischen Paprikageschmack, der trotz der Milde des Gemüses immer durchzuschmecken ist. Geschält sind sie noch bekömmlicher. Dazu schiebt man sie 15 Minuten in den Backofen und erhitzt sie, ohne zu bräunen.

Risotto con peperoni e olive nere

Risotto mit Paprika und schwarzen Oliven

Zubereitung: 20 Minuten
Garzeit: 40 Minuten
Für 6 Personen

450 g Risottoreis Carnaroli
3 rote und gelbe Paprikaschoten
ca. 20 schwarze Oliven
1 Zwiebel
1 Knoblauchzehe
2 EL Olivenöl
0,2 l trockener Weißwein
1,5 l Hühnerfond (S. 32) mit Kräutern
Salz und Pfeffer aus der Mühle
80 g kalte Butter
100 g geriebener Pecorino
etwas Oregano

Den Backofen auf 180 °C vorheizen. Die Paprikaschoten in Aluminiumfolie wickeln und etwa 30 Minuten backen. Die Paprikaschoten abkühlen lassen, enthäuten und entkernen und das Fruchtfleisch in Streifen schneiden.
Die Oliven entkernen. Die Zwiebel und die Knoblauchzehe schälen und fein hacken. In einem hohen Topf das Olivenöl erhitzen und Zwiebel und Knoblauch darin bei schwacher Hitze leicht anbräunen. Den Reis einstreuen, alles gut durchmischen und den Reis mitbraten, bis er glasig ist.
Mit dem Wein ablöschen und köcheln lassen, bis der Reis die Flüssigkeit vollständig aufgenommen hat. Nun den Fond angießen und das Ganze zugedeckt etwa 15 Minuten leicht köcheln lassen.
Am Ende der Garzeit den Risotto mit Salz und Pfeffer abschmecken, dann die Paprikastreifen, die Oliven, die Butter und den Pecorino hinzufügen und mit einer Prise Oregano bestreuen. Den Risotto abseits vom Feuer 1 bis 2 Minuten ruhen lassen und anschließend cremig rühren.

Weinempfehlung:
Ein Weißwein aus der Campania (z. B. Biancolella di Ischia) oder ein Weißwein aus dem Gebiet des Lacrima Christi.

Risotto al pomodoro

Risotto mit Tomaten

Zubereitung: 20 Minuten
Garzeit: 50 Minuten
Für 6 Personen

Für die Tomatensauce
1 große Zwiebel
1 Selleriestange
1 Möhre
1 kg Strauch- oder Eiertomaten
1 kleine Peperoni
1 kleines Bund Basilikum
3 EL Olivenöl
Salz und Pfeffer aus der Mühle

Voll fruchtig

Unter der Vielzahl von Tomatensorten werden etwa in der französischen Küche die „Roma" oder Fleischtomaten, die weniger Wasser enthalten, bevorzugt. Auch Strauchtomaten sind zu empfehlen. Damit sie ihr Aroma nicht verlieren, sollte man Tomaten unbedingt mit dem Stiel waschen. Wenn sie noch nicht vollreif sind, kann man dem jeweiligen Gericht eine Prise Zucker hinzufügen.

Für den Risotto
450 g Risottoreis Carnaroli
3 EL Olivenöl
1 l Hühnerfond (S. 32)
80 g Butter
120 g geriebener Parmesan
50 g Mascarpone
6 getrocknete, in Olivenöl eingelegte Tomaten

Für das Tomatenpüree die Zwiebel schälen, die Selleriestange und die Möhre putzen und waschen. Das Gemüse würfeln. Die Tomaten und die Peperoni waschen, die Tomaten in grobe Stücke schneiden, die Peperoni halbieren, entkernen und in feine Streifen schneiden. Das Basilikum waschen, trockenschütteln und die Blätter in Streifen schneiden.
Das Olivenöl erhitzen, Zwiebel, Sellerie und Möhre dazugeben und leicht anbräunen. Die Tomaten, das Basilikum und die Peperoni dazugeben, das Ganze salzen, pfeffern und bei lebhafter Hitze und unter häufigem Umrühren offen etwa 20 Minuten kochen lassen. Die Tomatenmasse im Mixer oder mit dem Mixstab pürieren und beiseite stellen.
Den Risotto nach dem Grundrezept (S. 34–44), aber ohne Wein zubereiten, also nur mit dem Hühnerfond aufgießen. Nach der Hälfte der Garzeit Tomatensauce nach Geschmack dazugeben. Den Risotto abschmecken und die Butter, den Parmesan und den Mascarpone dazugeben.
Den Risotto 2 Minuten ruhen lassen, cremig rühren und auf Suppenteller anrichten. Jede Portion mit einer eingelegten getrockneten Tomate garnieren.

Weinempfehlung:
Ein Masroberardino aus Kampanien oder ein Morgon.

Risotto con caparossoli

Risotto mit Venusmuscheln

Zubereitung: 20 Minuten
Garzeit: 40 Minuten
Für 6 Personen

500 g Risottoreis Vialone Superfino
1,5 kg Venusmuscheln
4 EL Olivenöl
1 Zwiebel
1 Selleriestange
0,2 l trockener Weißwein
1,5 l Fischfond (Rezept nebenstehend)
1 Bund glatte Petersilie, gehackt
Salz und Pfeffer aus der Mühle
60 g kalte Butter
20 g geriebener Parmesan

Die Muscheln mit 1 Esslöffel Olivenöl in einen großen Topf geben, mit Wasser bedecken und bei mittlerer Hitze erwärmen. Sobald sie sich öffnen, herausnehmen, dann das Muschelfleisch auslösen, in eine Schüssel geben und beiseite stellen. Den Kochsud filtern und über das Muschelfleisch gießen, damit es nicht austrocknet.
Den Risotto nach Grundrezept (S. 34–44) zubereiten. Dabei zusätzlich zum Fischfond so viel Muschelsud verwenden, dass der Risotto ziemlich flüssig (all'onda) bleibt. 3 Minuten vor Ende der Garzeit die Venusmuscheln und die gehackte Petersilie hinzugeben und das Ganze abschmecken.
Butter und Parmesan zum Risotto geben. Alles 2 Minuten ruhen lassen und den Risotto cremig rühren.

Jod für den Körper

Die gelben, von zarten Streifen durchzogenen Venusmuscheln schmecken köstlich. Wie alle Meeresfrüchte verfeinern sie den Risotto auf besondere Weise. Voraussetzung ist natürlich, dass die Muscheln frisch sind. Deshalb muss jede verletzte, geöffnete oder nach dem Kochen noch verschlossene Muschel weggeworfen werden.

Weinempfehlung:
Ein Chablis oder ein Bordeaux blanc.

Fischfond

Zubereitung: 20 Minuten
Garzeit: 30 Minuten
Für 1,5 l Brühe

3 kg Fisch mit weißem Fleisch
15 Langustinos
2 Möhren, 2 Selleriestangen
3 große Zwiebeln, 3 Knoblauchzehen
1 Bund Gartenkräuter
2 Glas trockener Weißwein
Salz und Pfeffer aus der Mühle

Fisch, Langustinos, Gemüse und Kräuter putzen, waschen und mit 1,5 Liter Wasser und dem Weißwein aufkochen. Den Fond abschäumen und 20 Minuten bei schwacher Hitze köcheln lassen. Mit Salz und Pfeffer mild abschmecken. Abseihen und bis zur Verwendung kühl aufbewahren.

Risotto ai frutti di mare

Risotto mit Meeresfrüchten

Zubereitung: 35 Minuten
Garzeit: 75 Minuten
Für 6 Personen

400 g Risottoreis Vialone nano
400 g Meeresschnecken sowie verschiedene Muschelarten (Venusmuscheln, Messermuscheln etc.)
200 g Fischabschnitte und -gräten
1 kg Scampi
300 g Garnelen
1/2 Zitrone, in Scheiben geschnitten
1 l Fischfond (S. 79)
6 EL Olivenöl
1 Zwiebel
1 Selleriestange
0,2 l trockener Weißwein
etwas gehackte Petersilie
Salz und weißer Pfeffer aus der Mühle
60 g Butter
40 g Parmesan (nach Belieben)

Die Muscheln sorgfältig unter fließendem Wasser abbürsten, dann zusammen mit den Meeresschnecken und 2 Esslöffel Wasser in einen Topf geben und auf mittlerem Feuer erhitzen, bis sie sich öffnen. Das Muschelfleisch auslösen und den Sud filtern. Beides beiseite stellen.
Die Fischabfälle in Stücke schneiden, Langustinen und Crevetten schälen. Das Fleisch beiseite stellen und die Abfälle zusammen mit den Fischabfällen und der Zitrone in den Fischfond geben. Den Fischfond aufkochen und 20 Minuten köcheln lassen, anschließend durch ein Sieb gießen und beiseite stellen.
2 Esslöffel Olivenöl in einer Pfanne erhitzen und die Langustinen und Crevetten bei starker Hitze anbraten, dann herausnehmen und beiseite stellen.
Den Risotto nach dem Grundrezept (S. 34–44) zubereiten. Erst den Weißwein hinzufügen, dann den Fischfond. 3 Minuten vor Ende der Garzeit die Meeresfrüchte mit dem Sud und der gehackten Petersilie hinzufügen. Den Risotto mit Salz und Pfeffer abschmecken, die Butter und nach Belieben Parmesan dazugeben und alles 2 Minuten ruhen lassen. Zuletzt den Risotto cremig rühren.

Weinempfehlung:
Ein Chardonnay oder ein Vermentino aus Ligurien.

Risotto con triglie e finocchi alla Genovese

Risotto mit Rotbarbe und Fenchel

Zubereitung: 25 Minuten
Garzeit: 50 Minuten
Für 6 Personen

Für den Fischfond
1 kg Fischabschnitte
1 g Safran, 1 l trockener Weißwein
1 Zwiebel, 1 Möhre, 1 Selleriestange, 2 Tomaten, etwas Thymian, 1 Lorbeerblatt, 1 Bund Petersilie, 1 Knoblauchzehe, 1 kleinen Lauchstange, 1 Zitronenscheibe, einige Pfefferkörner

Für den Risotto
400 g Risottoreis Vialone nano
60 g Butter
6 küchenfertige Rotbarben mit Lebern
2 Fenchelknollen
1 Zwiebel
6 EL Olivenöl
0,2 l trockener Weißwein
Salz und Pfeffer aus der Mühle

Aus den Zutaten für den Fischfond entsprechend dem Rezept auf S. 79 einen kräftigen Fond kochen. Inzwischen die Butter mit der Leber der Rotbarben vermengen und die Masse kühl stellen.
Die Fenchelknollen putzen, waschen, die Zwiebel schälen. Beides in dünne Scheiben schneiden. Das Fenchelgrün waschen und trockenschütteln.
Die Rorbarben filetieren. Die Filets im siedenden Fischfond 3 bis 4 Minuten pochieren, herausnehmen und warm stellen.
Die Zwiebel und den Fenchel im Olivenöl vorsichtig anbraten. Sobald das Gemüse zu bräunen beginnt, den Reis hinzufügen, alles gut umrühren und weiterbraten, bis der Reis glasig ist.
Den Weißwein angießen und völlig einziehen lassen. Nun den Fond dazugeben, das Gericht zugedeckt bei kleiner Flamme 15 Minuten köcheln lassen und mit Salz und Pfeffer abschmecken.
Die Fischbutter zum Risotto geben, alles 2 Minuten ruhen lassen und den Risotto cremig rühren. Mit den Rotbarbenfilets und etwas Fenchelgrün anrichten.

Weinempfehlung:
Ein trockener Cinqueterre oder ein lombardischer Riesling.

Herrlich fleischig ...

Fenchel – französischer oder italienischer ist der beste – muss eine schwere, üppige und vor allem weiße Knolle aufweisen. Vor dem Kochen die äußeren Blätter entfernen, die immer sehr dicht stehen und oftmals holzig sind. Dann die Knolle in zwei Teile schneiden. Das Kraut kann bei der Zubereitung des Fonds verwendet werden.

Risotto con cozze e pomodoro

Risotto mit Miesmuscheln und Tomaten

Zubereitung: 20 Minuten
Garzeit: 35 Minuten
Für 6 Personen

400 g Risottoreis Vialone nano
2 kg Miesmuscheln
4 Tomaten
1 Zwiebel
4 Knoblauchzehen
1 kleine Peperoni
2 EL Olivenöl
0,2 l trockener Weißwein
1 l Fischfond (S. 79)
Salz und Pfeffer aus der Mühle
60 g kalte Butter
50 g geriebener Parmesan

Die Muscheln mit einer Bürste säubern und mehrmals unter fließendem Wasser abspülen. Mit etwas Wasser in einem Topf erhitzen, bis sie sich öffnen. Die Muscheln herausnehmen und beiseite stellen. Den Sud filtern und aufbewahren.
Die Tomaten waschen, entkernen und das Fruchtfleisch würfeln. Zwiebel und Knoblauchzehen schälen, die Zwiebel klein schneiden, den Knoblauch durch die Presse drücken. Die Peperoni entkernen und in Streifen schneiden.
In einer Kasserolle das Olivenöl erhitzen und das Gemüse darin bei mäßiger Hitze anbraten. Sobald es zu bräunen beginnt, den Reis einstreuen, gut untermischen und mitbraten, bis die Körner glasig sind. Mit dem Weißwein ablöschen und köcheln lassen, bis der Reis die Flüssigkeit absorbiert hat. Nun den Fond und den Muschelsud angießen und den Risotto 15 Minuten zugedeckt köcheln lassen. 3 Minuten vor Ende der Garzeit die Muscheln zum Risotto geben und diesen mit Salz und Pfeffer abschmecken. Zuletzt die Butter und den Parmesan zum Risotto geben, ohne umzurühren, alles abseits vom Feuer kurz ziehen lassen und cremig rühren.

Weinempfehlung:
Ein Tocaï DOC aus Venetien.

Risotto al nero

„Schwarzer" Risotto

Zubereitung: 30 Minuten
Garzeit: 60 bis 90 Minuten
Für 6 Personen

400 g Risottoreis Vialone nano Superfino
1,5 kg Tintenfisch mit Tintenbeuteln
1 Zwiebel, 1 Knoblauchzehe
1 Selleriestange, 1 Bund Petersilie
4 EL Olivenöl
0,2 l trockener Weißwein, 1 Lorbeerblatt
1,5 Fischfond (S. 79)
Salz und Pfeffer aus der Mühle
40 g kalte Butter
20 g geriebener Parmesan

Die Tintenfische vom Fischhändler küchenfertig vorbereiten lassen, unter fließendem Wasser säubern und in 2 bis 3 Zentimeter breite Stücke schneiden.
Die Zwiebel und die Knoblauchzehe schälen und fein würfeln, die Selleriestange waschen und in feine Scheiben schneiden, die Petersilie waschen, trockentupfen und fein hacken.
In einem schweren Topf das Olivenöl erhitzen, den Sellerie, die Zwiebel und den Knoblauch dazugeben und bei milder Hitze 5 Minuten andünsten. Die Tintenfischstücke mit dem Wein, dem Lorbeerblatt und der Petersilie zum Gemüse geben, aufkochen lassen und alles je nach Größe des Tintenfisches 30 bis 60 Minuten garen lassen.
Sobald die Tintenfischstücke weich sind, den Reis einstreuen und unter Rühren mitgaren, bis er glasig ist. Nun den Fischfond aufgießen und den Risotto zugedeckt etwa 15 Minuten garen. Kurz vor Ende der Garzeit die Tinte aus den Tintenbeuteln durch ein Sieb zu den Tintenfischstücken gießen. Darauf achten, dass das Gericht nicht zu schwarz wird.
Am Ende der Garzeit den Risotto mit Salz und Pfeffer abschmecken, die Butter und den Käse dazugeben und das Ganze abseits vom Feuer 2 Minuten ziehen lassen. Zuletzt den Risotto cremig rühren.

Weinempfehlung:
Ein Pinot bianco oder ein Bordeaux blanc.

Risotto al nero e gamberetti

„Schwarzer" Risotto mit Garnelen

Zubereitung: 30 Minuten
Garzeit: 60 bis 90 Minuten
Für 6 Personen

400 g Risottoreis Vialone nano Superfino
1 kg küchenfertiger Tintenfisch mit Tinte
1 Zwiebel
1 Knoblauchzehe
4 EL Olivenöl
0,4 l trockener Weißwein
1 EL gehackte Petersilie
1 Lorbeerblatt
450 g frische Garnelen
1 Kräutersträußchen
Salz und Pfeffer aus der Mühle
1,5 l Fischfond (S. 79)
40 g kalte Butter
20 g geriebener Parmesan

Die Tintenfische unter fließendem Wasser säubern und in 2 oder 3 Zentimeter dicke Scheiben schneiden.

Die Zwiebel und den Knoblauch schälen und fein würfeln. 2 Esslöffel Olivenöl in einem schweren Topf erhitzen und die Zwiebel und den Knoblauch darin bei schwacher Hitze etwa 5 Minuten dünsten. Die Tintenfischstücke dazugeben und bei stärkerer Hitze einige Minuten mitdünsten. 0,2 Liter Wein, die Petersilie und das Lorbeerblatt dazugeben, alles aufkochen lassen und je nach Größe der Tintenfische 30 bis 60 Minuten garen.

Inzwischen die Garnelen sorgfältig waschen. Den restlichen Wein mit 3/4 Liter Wasser, dem Kräutersträußchen, Salz und Pfeffer aufkochen lassen, die Garnelen einlegen und 2 Minuten kochen. Die Garnelen abtropfen und etwas abkühlen lassen, anschließend schälen.

Kurz bevor der Tintenfisch gar ist, die Tinte durch ein Sieb dazugeben. Vorsicht: Das Gericht soll nicht zu schwarz werden. Den Tintenfisch mit Salz und Pfeffer abschmecken.

Den Risotto entsprechend dem Grundrezept (S. 34–44) zubereiten. Mit dem Fischfond und dem Sud der Garnelen aufgießen. Bei der Hälfte der Garzeit den Tintenfisch zum Risotto geben und fertig garen. Am Ende der Garzeit das Ganze mit Salz und Pfeffer abschmecken und mit der kalten Butter und dem Parmesan abseits vom Feuer 2 Minuten ruhen lassen. Zuletzt den Risotto cremig rühren und mit den Garnelen anrichten.

Weinempfehlung:
Ein Chardonnay aus Friaul oder ein Côtes de Provence blanc.

Mit Tinte färben

Die schwarze Tinte dieses im Mittelmeerraum beliebten Fisches bindet den Risotto und gibt ihm seine einmalige schwarze Farbe.
Diese Tinte, die man z. B. für den Risotto nero, *einen der traditionsreichsten Risotti in Venetien, verwendet, hat einen spezifischen Jodgeschmack und ist durch ihren hohen Jodgehalt auch sehr gesund. Die Tinte ist zudem ein sehr gutes Bindemittel. In Fischgeschäften oder in italienischen Lebensmittelläden kann man sie getrocknet oder flüssig in kleinen Beuteln kaufen.*

Risotto al nero e polpa di granceola

„Schwarzer" Risotto mit Krabbenfleisch

Zubereitung: 30 Minuten
Garzeit: 60 bis 90 Minuten
Für 6 Personen

400 g Risottoreis Vialone nano Superfino
1 kg küchenfertiger Tintenfisch mit Tinte
1 schöne Seespinne
1 Kräutersträußchen, 1 Zwiebel
1 Knoblauchzehe
1 Selleriestange
2 EL Olivenöl
½ l trockener Weißwein
1 EL gehackte Petersilie
1 Lorbeerblatt
Salz und Pfeffer aus der Mühle
1,5 l Fischfond (S.79) und der Sud der gekochten Seespinne
40 g kalte Butter
20 g geriebener Parmesan

Die Tintenfische unter fließendem Wasser waschen und anschließend in 2 bis 3 cm dicke Streifen schneiden. Die Zwiebel und den Knoblauch schälen und fein würfeln. Die Selleriestange waschen und in Scheiben schneiden. 2 Esslöffel Öl in einem schweren Topf erhitzen. Zwiebel, Knoblauch und Sellerie darin bei schwacher Hitze etwa 5 Minuten dünsten. Die Tintenfischstücke dazugeben und bei stärkerer Hitze kurz mitdünsten. Die Hälfte des Weins, Petersilie und Lorbeerblatt dazugeben, aufkochen lassen und je nach Größe der Tintenfische 30 bis 60 Minuten garen.
Inzwischen den restlichen Wein mit ¾ Liter Wasser, dem Kräutersträußchen, Salz und Pfeffer aufkochen. Die Seespinne in diesem Sud je nach Größe 8 bis 10 Minuten garen, abtropfen und abkühlen lassen. Den Sud durch ein Sieb gießen und beiseite stellen. Die Seespinne schälen und das Fleisch beiseite stellen.
Kurz vor Ende der Garzeit die Tinte aus den Tintenbeuteln durch ein Sieb zu den Tintenfischstücken gießen. Darauf achten, dass das Gericht nicht zu schwarz wird. Den Tintenfisch mit Salz und Pfeffer abschmecken.
Den Risotto entsprechend dem Grundrezept (S. 34–44) zubereiten. Mit dem Fischfond und dem Sud der Seespinne aufgießen. Bei der Hälfte der Garzeit den Tintenfisch zum Risotto geben und fertig garen. Am Ende der Garzeit das Ganze mit Salz und Pfeffer abschmecken und mit der kalten Butter und dem Parmesan abseits vom Feuer 2 Minuten ruhen lassen. Zuletzt cremig rühren, auf Tellern anrichten und mit dem Fleisch der Seespinne garnieren.

Weinempfehlung:
Ein Chardonnay aus Friaul oder ein Sauvignon von der Loire.

Risotto con zucchine e lattuga

Risotto mit Zucchini und Kopfsalat

Zubereitung: 20 Minuten
Garzeit: 50 Minuten
Für 6 Personen

400 g Risottoreis Vialone nano
600 g Zucchini
2 Kopfsalatherzen
90 g kalte Butter
1 kleines Bund Kräuter (Petersilie, Kerbel, Basilikum)
1,2 l Gemüsefond (S. 33)
1 Zwiebel
2 EL Olivenöl
90 g geriebener Parmesan
50 g Mascarpone
Salz und Pfeffer aus der Mühle

Die Zucchini und die Kopfsalatherzen unter fließendem Wasser säubern und abtropfen lassen.
Die Zucchini in dünne Scheiben schneiden. In einem hohen Topf 50 g Butter erhitzen und die Zucchinischeiben mit den Kopfsalatblättern darin andünsten. 1 1/2 Liter Wasser angießen, das Kräutersträußchen dazugeben und das Ganze 15 Minuten köcheln lassen. Das Gemüse abgießen. Das Kochwasser auffangen und für den Gemüsefond verwenden. Das Gemüse im Mixer oder mit dem Mixstab pürieren.
Die Zwiebel schälen und klein schneiden. Das Olivenöl erhitzen und die Zwiebel darin anbraten. Sobald sie zu bräunen beginnt, den Reis einstreuen und alles gut vermengen. Den Reis mitbraten, bis die Reiskörner glasig sind.

Das Zucchini-Kopfsalat-Püree und den Gemüsefond zum Reis geben, alles gut vermischen und zugedeckt 15 Minuten bei schwacher Hitze köcheln lassen. Wenn der Reis gar ist, den Risotto mit Salz und Pfeffer abschmecken, die restliche Butter, den Parmesan und den Mascarpone hinzufügen, jedoch nicht unterrühren.
Den Risotto abseits vom Feuer zugedeckt 1 bis 2 Minuten ziehen lassen und zuletzt cremig rühren.

Weinempfehlung:
Ein Soave superiore oder ein fruchtiger Weißwein aus dem Jura.

Risotto con cape sante e fiori di zucca

Risotto mit Jakobsmuscheln und Zucchiniblüten

Zubereitung: 15 Minuten
Garzeit: 30 Minuten
Für 6 Personen

400 g Risottoreis Vialone nano
24 Zucchiniblüten
1 Zwiebel
3 EL Olivenöl
1 1/2 l Hühnerfond (S. 32)
6 schöne Jakobsmuscheln
110 g Butter
Salz und Pfeffer aus der Mühle
60 geriebener Parmesan

Weinempfehlung:
Ein Côtes de Provence rosé oder ein Vin de Sable.

Die Zucchiniblüten unter fließendem Wasser waschen, abtropfen lassen und in 2 oder 4 Stücke schneiden. Die Zwiebel schälen und klein hacken.

In einem hohen Topf die Zwiebel zusammen mit den Zucchiniblüten in Olivenöl anbräunen. Den Reis einstreuen, alles gut mischen und weiterbraten, bis die Reiskörner glasig sind. Den Fond angießen und den Risotto zugedeckt 15 Minuten bei schwacher Hitze köcheln lassen.

Inzwischen die Jakobsmuscheln halbieren. 30 g Butter erhitzen und die Muscheln darin 30 Sekunden von beiden Seiten her braten. Am Ende der Garzeit den Risotto mit Salz und Pfeffer abschmecken, die restliche Butter und den Parmesan beigeben und das Ganze zugedeckt 1 bis 2 Minuten abseits vom Feuer ruhen lassen. Zuletzt den Risotto cremig rühren, auf 6 Teller verteilen und mit den Jakobsmuscheln garnieren.

Risotto di astice

Risotto mit Hummer

Zubereitung: 30 Minuten
Garzeit: 1 Stunde
Für 6 Personen

400 g Risottoreis Vialone nano
1 weiblicher Hummer (etwa 1,2 kg), vom Fischhändler blanchiert
80 g frische Butter
2 Zwiebeln, 4 Schalotten
1 Selleriestange, 1 Möhre
2 Peperoncini, 4 EL Olivenöl
1 Pfund Seezungenabschnitte
3 ungeschälte Knoblauchzehen
1 Bund gemischte Gartenkräuter
1/2 Flasche trockener Weißwein und
0,2 l halbtrockener Weißwein
0,2 l Tomatenmark
Salz und Pfeffer aus der Mühle
20 g geriebener Parmesan

Den Hummer längs halbieren. Den im Kopf sitzenden Magen und den Darm entfernen. Aus dem Rogen, den weichen Teilen und der frischen Butter eine Hummerbutter herstellen, indem man alle Zutaten mixt. (Wenn man den rohen Rogen mit Butter vermischt, nimmt er eine grünliche Farbe an. Beim Erhitzen färbt er sich dagegen orange.)

Zwiebeln und Schalotten schälen und fein würfeln, Sellerie und Möhre putzen, waschen und würfeln. Peperoncini entkernen und klein schneiden.

In einem hohen Topf die Hummerhälften in 2 Esslöffel Olivenöl ein paar Minuten anbraten, dann das Fleisch aus der Schale lösen und beiseite stellen.

Die Hummerscheren in kleine Stücke schneiden und zusammen mit dem Gemüse, dem Knoblauch, den Seezungenabschnitten und den Kräutern im gleichen Öl anbraten, bis alles leicht angebräunt ist und die Scheren des Hummers eine rote Farbe angenommen haben.

Den trockenen Wein und 1 Liter Wasser angießen, aufkochen, rund 20 Minuten köcheln lassen, dann alles durch ein Sieb passieren und den Fond zur Seite stellen.

Den Reis nach dem Grundrezept (S. 34–44) im restlichen Olivenöl anbraten, mit dem restlichen Wein und so viel vom Hummerfond angießen, dass er die Flüssigkeit aufnehmen kann. 3 Minuten vor Ende der Garzeit das Hummerfleisch und das Tomatenmark hinzufügen.

Zuletzt den Risotto abschmecken, die Hummercremebutter und den Parmesan dazugeben, abseits vom Feuer 2 Minuten ruhen lassen und cremig rühren.

Weinempfehlung:
Ein Chardonnay aus Piemont.

Bretonische Hummer

Wenn Sie frischen Hummer mögen, sollte er am besten aus den Meeresgefilden der Bretagne stammen. Dafür nimmt man am günstigsten den schwersten, fleischigsten und geschmacksintensivsten Hummer, und besser auch einen weiblichen als einen männlichen, da das Fleisch von weiblichen Tieren grundsätzlich wesentlich saftiger ist.

Risotto alla moda di Spoleto

Risotto mit Krebsen und Sommertrüffeln

Zubereitung: 25 Minuten
Garzeit: 50 Minuten
Für 6 Personen

450 g Risottoreis Carnaroli
100 g Butter
30 g schwarze Trüffelschalen
2 Zwiebeln
1 Möhre
1 Selleriestange
2 Tomaten
1 Knoblauchzehe
4 EL Olivenöl
36 frische Flusskrebse
1 Thymianzweig
1 Lorbeerblatt
3 cl Cognac
10 cl Marsala
1,5 l Hühnerfond (S. 32)
0,2 l trockener Weißwein
60 g Sommertrüffel
Salz und Pfeffer aus der Mühle
50 g geriebener Parmesan

Für die Trüffelbutter 80 g Butter zerlassen, die Trüffelschalen sehr fein hacken, hinzufügen, gut untermischen, wieder erkalten lassen und kühl aufbewahren.
Für die Krebse die Zwiebeln schälen und fein hacken, die Möhre und die Selleriestange putzen, waschen und klein schneiden. Die Tomaten entkernen und grob würfeln. Die Knoblauchzehe halbieren.
Die restliche Butter mit 2 Esslöffel Olivenöl erhitzen und die Krebse darin braten, bis sich die Panzer rot gefärbt haben. Das Gemüse, den Thymian und das Lorbeerblatt dazugeben, 5 Minuten anschwitzen lassen, dann mit dem Cognac flambieren und den Marsala angießen. Das Ganze aufkochen und kurz köcheln lassen. Die Krebse herausnehmen und aus der Schale lösen. Die Schwänze beiseite legen und die Panzer in kleine Stücke schneiden.
Den Hühnerfond mit dem Schmorgemüse und den Krebspanzern aufkochen, 30 Minuten bei schwacher Hitze sieden lassen, dann durch ein Sieb passieren.
Den Risotto nach dem Grundrezept mit dem restlichen Olivenöl zubereiten, mit dem Weißwein ablöschen und mit dem Krebsfond garen. Inzwischen die Sommertrüffeln putzen und in feine Scheiben schneiden oder hobeln. 5 Minuten vor dem Ende der Garzeit die Krebsschwänze untermischen und den Risotto mit Salz und Pfeffer abschmecken. Am Ende der Garzeit die Trüffelbutter und den Parmesan hinzufügen, ohne umzurühren. Den Risotto abseits vom Feuer 2 Minuten ziehen lassen und cremig rühren.
Den Risotto in Suppentellern anrichten und mit den Trüffelscheiben garnieren.

Tipp: Die beste Zeit für Gerichte mit Krebsen ist der August.

Weinempfehlung:
Ein Trebbiano d'Abruzzo oder ein Sablet blanc.

Risotto con melanzane e salsiccia piccante

Risotto mit Auberginen und pikanter Wurst

Zubereitung: 15 Minuten
Garzeit: 40 Minuten
Für 6 Personen

400 g Risottoreis Carnaroli
2 Auberginen
4 EL Olivenöl
300 g pikant gewürzte Wurst, z. B. sizilianische Salami
1 Zwiebel
50 g Butter
0,2 l trockener Weißwein
1,5 l Hühnerfond (S. 32)
1 Bund frisches Basilikum
Salz und Pfeffer aus der Mühle
80 g geriebener Ricotta aus Sizilien (erhältlich in italienischen Feinkostgeschäften)

Die Auberginen unter fließendem Wasser waschen. Strunk und Stiel abschneiden und das Fruchtfleisch würfeln. 2 Esslöffel Olivenöl erhitzen und die Auberginenwürfel darin von allen Seiten anbraten, herausnehmen und beiseite stellen.
Die Wurst häuten und klein würfeln. Die Zwiebel schälen und fein hacken. In einem hohen Topf das restliche Olivenöl mit 10 g Butter erhitzen, Wurst und Zwiebel dazugeben und alles bei mittlerer Hitze braten, bis eine krümelige Masse entstanden ist. Dann den Reis einstreuen, gut durchmischen und mitbraten, bis die Reiskörner glasig sind. Mit dem Wein ablöschen und köcheln lassen, bis der Reis die Flüssigkeit aufgenommen hat. Anschließend den Hühnerfond angießen und den Risotto zugedeckt 15 Minuten garen. Er soll ziemlich flüssig bleiben. Inzwischen das Basilikum waschen und die Blätter in feine Streifen schneiden.
Am Ende der Garzeit den Risotto mit Salz und Pfeffer abschmecken, die Auberginenwürfel, das Basilikum, die restliche Butter und den Ricotta dazugeben, das Ganze abseits vom Feuer 2 Minuten ziehen lassen und zuletzt cremig rühren.

Weinempfehlung:
Ein Chardonnay oder ein Verduzzo bianco.

Magerer Speck

Als „Pancetta" bezeichnet man das Rippenfleisch vom Schwein. Es besteht aus mageren und fetten Schichten. Der Speck wird gerollt und getrocknet, jedoch nicht geräuchert.
Die Pancetta wird in kleine Stücke geschnitten und entweder der Carbonara-Sauce oder dem Risotto hinzugefügt.

Risotto al rosmarino e pancetta

Risotto mit Rosmarin und Pancetta (Bauchspeck)

Zubereitung: 10 Minuten
Garzeit: 30 Minuten plus 20 Minuten Durchziehen
Für 6 Personen

400 g Risottoreis Vialone nano Semifino
2 Rosmarinzweige
1,5 l Hühnerfond (S. 32)
1 Zwiebel
4 EL Olivenöl
0,2 l trockener Weißwein
350 g Pancetta in feinen Scheiben
Salz und Pfeffer aus der Mühle
90 g geriebener Parmesan oder Pecorino

Die Rosmarinzweige waschen und trockenschütteln. Den Hühnerfond erhitzen, einen Rosmarinzweig dazugeben und 20 Minuten darin ziehen lassen. Inzwischen die Zwiebel schälen und klein hacken.
In einem hohen Topf das Olivenöl erhitzen und die Zwiebel darin anbraten. Wenn die Zwiebel leicht gebräunt ist, den Reis einstreuen, gut durchmischen und mitbraten, bis die Reiskörner glasig sind. Mit dem Wein ablöschen und köcheln lassen, bis der Reis die Flüssigkeit vollständig aufgenommen hat. Den Hühnerfond angießen und den Risotto zugedeckt etwa 15 Minuten bei schwacher Hitze köcheln lassen.
Inzwischen die Pancetta-Scheiben in einer beschichteten Pfanne knusprig braten und vom übrigen Rosmarinzweig die Spitzen abzupfen. Am Ende der Garzeit den Risotto mit Salz und Pfeffer abschmecken und den Parmesan oder Pecorino hinzugeben. Nicht umrühren. Den Topf vom Herd nehmen und den Risotto zugedeckt 1 bis 2 Minuten abkühlen lassen, dann cremig rühren.
Den Risotto auf 6 Teller verteilen, die Pancetta-Scheiben darauf anrichten und das Ganze mit Rosmarinspitzen garnieren.

Weinempfehlung:
Ein Pinot bianco oder ein Morgon.

Herbst

Risotto con scampi, radicchio e provola

Risotto mit Scampi, Radicchio und geräuchertem Provola-Käse

Zubereitung: 30 Minuten
Garzeit: 45 Minuten
Für 6 Personen

400 g Risottoreis Carnaroli Superfino
12 Scampi
6 EL Olivenöl
1 cl Cognac
1,5 l Hühnerfond (S. 32)
1 Zwiebel
0,2 l trockener Weißwein
800 g Radicchio
Salz und Pfeffer aus der Mühle
80 g kalte Butter
40 g geriebener Parmesan
300 g geräucherter Provola

Die Scampi schälen, den Schwanz längs halbieren, den Darm entnehmen und das Fleisch aufbewahren.
Die Scampiabfälle klein hacken und einige Minuten in 1 Esslöffel Olivenöl anbraten, bis sie sich rot färben, dann mit dem Cognac ablöschen und den Hühnerfond angießen. Den Fond etwa 20 Minuten bei schwacher Hitze ziehen lassen, dann durch ein Sieb gießen.
Den Risotto nach dem Grundrezept (S. 34–44) mit 3 Esslöffel Olivenöl und dem Hühner-Scampi-Fond zubereiten.
Während der Garzeit die äußeren Blätter des Radiccio entfernen und den Strunk ausschneiden. Jeden Kopf längs in vier Teile schneiden. Die Scampischwänze im restlichen Olivenöl braten, herausnehmen und beiseite stellen. Im gleichen Öl den Radicchio unter häufigem Wenden braten.
Am Ende der Garzeit den Risotto mit Salz und Pfeffer abschmecken, den Radicchio, die Scampi, die Butter und den Parmesan dazugeben und alles abseits vom Feuer 2 Minuten zugedeckt ziehen lassen. Auf jedem Teller eine Scheibe vom Provola anrichten. Den Risotto cremig rühren und auf den Provola-Scheiben anrichten.

Weinempfehlung:
Ein Pinot bianco aus Friaul oder ein Arbois blanc.

Ein herber Geschmack

Im Ursprungsland Italien versteht man unter Radicchio den kleinen roten Salat mit den langen, spitzen Blättern, der im Allgemeinen mit dem Strunk auf dem Markt angeboten wird. Dieser knackige, leicht bittere Salat ist einmalig. Um gut zu schmecken, muss er zuerst kurz in klares Wasser gelegt werden. Die gesäuberten Blätter entweder in ein Sieb geben und abtropfen lassen oder in ein Tuch legen, das die verbliebene Feuchtigkeit aufnimmt. Beim Risotto mit Scampi und Provola werden die leicht bitterherben Eigenheiten des Radicchio durch den cremigen Geschmack des geräucherten Provola-Käses und die feine Milde der Scampi übertönt.

Risotto al radicchio

Risotto mit Radicchio

Zubereitung: 20 Minuten
Garzeit: 40 Minuten
Für 6 Personen

400 g Risottoreis Vialone nano
1 kg Radicchio
5 EL Olivenöl
1 Zwiebel
0,2 l Weißwein oder Prosecco
1,5 l Hühner- oder Gemüsefond (S. 32/33)
Salz und Pfeffer aus der Mühle
80 g kalte Butter
80 g geriebener Parmesan

Die äußeren Blätter des Radicchio entfernen und den Strunk herausschneiden, die Köpfe längs in vier Teile schneiden. In einer großen Pfanne 2 Esslöffel Olivenöl erhitzen und den Radicchio bei lebhafter Hitze 10 Minuten braten. Dabei häufig wenden, damit die Blätter knackig bleiben. Den Risotto nach Grundrezept zubereiten (S. 34–44). 5 Minuten vor Ende der Garzeit die Radicchioblätter zum Risotto geben und diesen mit Salz und Pfeffer abschmecken. Am Ende der Garzeit die Butter und den Parmesan zugeben, den Risotto abseits des Feuers 2 Minuten ziehen lassen und dann cremig rühren.

Weinempfehlung:
Ein Gambellara classico superiore.

Risotto con gialletti e zucchine

Risotto mit Pifferlingen und Zucchini

Zubereitung: 20 Minuten
Garzeit: 40 Minuten
Für 6 Personen

400 g Risottoreis Carnaroli Superfino
400–500 g Zucchini
6 EL Olivenöl
750 g Pfifferlinge
1 Zwiebel
0,2 l trockener Weißwein
1,5 l Hühner- oder Gemüsefond (S. 32/33)
1 EL fein gehackte glatte Petersilie
1 EL fein gehacktes Basilikum
Salz und Pfeffer aus der Mühle
100 g kalte Butter
80 g geriebener Parmesan

Die Zucchini waschen, in dünne Scheiben schneiden und in 2 Esslöffel heißem Olivenöl 10 Minuten braten. Aus der Pfanne nehmen und warm stellen.
Die Pfifferlinge putzen und waschen. Die Stiele unten abschneiden. Die Pilze in 1 Esslöffel Olivenöl bei schwacher Hitze vorsichtig braten und warm stellen.
Den Reis nach dem Grundrezept (S. 34–44) zubereiten. Nach der Hälfte der Garzeit die Pfifferlinge, die Zucchini, die Petersilie und das gehackte Basilikum hinzufügen.
Den fertig gegarten Risotto mit Salz und Pfeffer abschmecken, die kalte Butter und den Parmesan dazugeben und alles abseits vom Feuer 1 bis 2 Minuten zugedeckt ruhen lassen. Zuletzt den Risotto cremig rühren und gleich servieren.

Weinempfehlung:
Ein Coteaux du Languedoc.

Käse mit Schmelz

Der Provola ist ein Käse, der aus Kuhmilch gewonnen wird, und stammt ursprünglich aus Süditalien. Während seiner Reifung wird er durch Bindfäden festgehalten. Er kommt in unterschiedlichen Reifegraden auf den Markt und kann auch leicht geräuchert sein. Sein fester und milder Teig (dem Mozzarella ähnlich) gibt den Gerichten einen köstlichen, vollmundigen Geschmack.

Risotto con porcini

Risotto mit Steinpilzen

Zubereitung: 15 Minuten
Garzeit: 35 Minuten
Für 6 Personen

400 g Risottoreis Carnaroli Superfino
1 kg kleine Steinpilze
1,5 l Hühnerfond (S. 32)
1 Knoblauchzehe
5 EL Olivenöl
1 Zwiebel
0,2 l trockener Weißwein
Salz und Pfeffer aus der Mühle
80 g kalte Butter
100 g geriebener Parmesan
1 EL fein gehackte glatte Petersilie

Den Stiel der Steinpilze unten abschneiden und entfernen. Die Pilze putzen, mit einem feuchten Tuch gut abreiben, die Kappen abbrechen und in kleine Stücke schneiden. Die Stiele in den heißen Hühnerfond geben und etwa 20 Minuten bei mittlerer Hitze weich kochen. Inzwischen die Kappen der Steinpilze streifig schneiden, mit der ungeschälten Knoblauchzehe in 2 Esslöffel Olivenöl braten und warm stellen. Den Hühner-Pilz-Fond durch ein Sieb gießen.
Den Risotto nach Grundrezept (S. 34–44) zubereiten. 3 Minuten vor dem Ende der Garzeit die gebratenen Steinpilzkappen untermischen und das Ganze abschmecken. Die kalte Butter und den Parmesan zum Risotto geben, diesen zugedeckt abseits vom Feuer 1 bis 2 Minuten ziehen lassen. Zuletzt cremig rühren und mit der Petersilie bestreuen.

Weinempfehlung:
Ein Orvieto aus Umbrien oder ein Coteaux d'Aix blanc.

Risotto con gialletti

Risotto mit Pfifferlingen

Zubereitung: 15 Minuten
Garzeit: 35 Minuten
Für 6 Personen

400 g Risottoreis Carnaroli Superfino
1 kg frische Pfifferlinge
4 EL Olivenöl
1 EL fein gehackte glatte Petersilie
1 Zwiebel
0,2 l trockener Weißwein
1,5 l Hühnerfond (S. 32)
Salz und Pfeffer aus der Mühle
80 g kalte Butter
100 g geriebener Parmesan

Die Stiele der Pfifferlinge unten abschneiden und die Pilze mit einem feuchten Tuch säubern. 2 Esslöffel Olivenöl erhitzen, die Pfifferlinge darin braten, mit der Petersilie bestreuen und warm stellen.
Die Zwiebel schälen, fein hacken und in einer Kasserolle im Olivenöl anschwitzen. Wenn die Zwiebel etwas Farbe angenommen hat, den Reis einstreuen, gut durchmischen und mitbraten, bis die Reiskörner glasig sind. Mit dem Wein ablöschen und den Risotto köcheln lassen, bis der Reis die Flüssigkeit aufgenommen hat. Den Fond angießen und alles zugedeckt 15 Minuten bei schwacher Hitze schmoren lassen. 3 Minuten vor Ende der Garzeit die Pfifferlinge und die Petersilie dazugeben.
Am Ende der Garzeit den Risotto mit Salz und Pfeffer abschmecken und die kalte Butter sowie den Parmesan hinzufügen. Den Risotto vom Herd nehmen und zugedeckt 1 bis 2 Minuten ruhen lassen, dann cremig rühren.

Weinempfehlung:
Ein trockener Bordeaux blanc.

Risotto alla Milanese

Risotto mit Safran

Zubereitung: 30 Minuten
Garzeit: 45 Minuten
Für 6 Personen

400 g Risottoreis Carnaroli oder Arborio Superfino
1,5 l Hühnerfond (S. 32)
1 Zwiebel
150 g Rindermark, etwas Salz
80 g Parmaschinken, 3 EL Olivenöl
0,2 l trockener Weißwein
½ TL Safranfäden
Pfeffer aus der Mühle
60 g kalte Butter
100 g geriebener Parmesan

Die Zwiebel schälen und fein hacken. Das Rindermark kurz in kochendes Salzwasser legen, herausnehmen und klein schneiden. Den Parmaschinken in Streifen schneiden.

Das Olivenöl in einer Sauteuse erhitzen und die Zwiebel darin anbraten. Sobald die Zwiebel Farbe annimmt, den Reis einstreuen und unter ständigem Rühren mitbraten, bis die Körner glasig sind. Mit dem Weißwein ablöschen und köcheln lassen, bis der Reis die Flüssigkeit aufgenommen hat. Nun den Hühnerfond angießen und den Risotto zugedeckt etwa 15 Minuten auf kleiner Flamme köcheln lassen.

Den Safran in zwei Löffeln Fond auflösen, 3 Minuten vor dem Ende der Garzeit zum Risotto geben und abschmecken. Butter und Parmesan zugeben, den Risotto zugedeckt 2 Minuten ziehen lassen und cremig rühren.

Eine leuchtende Farbe

Dieser Risotto, eine Mailänder Spezialität, wurde nach Zefferano, einem italienischen Maler des 16. Jahrhunderts benannt, der für die Herstellung seiner Farben viel Safran verwendet hatte. An seinem Hochzeitstag servierte man ihm zu Ehren ein Safranrisotto, das mit einem Blatt aus Gold dekoriert worden war. Dazu verwendeten die Köche damals die begehrten Safranfäden, die weit aromatischer sind als etwa gemahlener Safran. Vor ihrer Verwendung lässt man sie ein paar Minuten in etwas Brühe aufweichen.

Weinempfehlung:
Ein Condrieu „La Bonette“ aus dem nördlichen Rhônetal.

In Italien ist der Osso bucco das einzige Gericht, zu dem Risotto alla Milanese gereicht wird.

Osso bucco

Zubereitung: 30 Minuten
Garzeit: 90 Minuten
Für 6 Personen

2 Zwiebeln, 2 Möhren
2 Selleriestangen
je 2 EL Butter und Öl
6 dicke Scheiben Kalbshaxe
Salz und Pfeffer aus der Mühle
1 EL Mehl
0,5 l trockener Weißwein
0,25 l Kalbsfond
1 Rosmarinzweig, 1 Bd. Petersilie
2 zerdrückte Knoblauchzehen
abgeriebene Schale von ½ unbehandelten Zitrone

Das Gemüse putzen, waschen und klein schneiden. In einem Bräter Butter und Öl erhitzen. Die Fleischscheiben würzen, mehlen, im heißen Fett auf beiden Seiten anbraten, herausnehmen und warm stellen. Das Gemüse im gleichen Fett anbraten. Sobald es Farbe angenommen hat, mit Wein und Fond ablöschen. Die Kalbsscheiben hinzufügen und das Ganze zugedeckt im Ofen mindestens 1 ½ Stunden schmoren lassen. Die Kräuter hacken und mit dem Knoblauch und der Zitronenschale kurz vor dem Servieren dazugeben.
Alles gut durchmischen und kurz ziehen lassen.

Risotto al prete

Risotto mit Schweinsmagen

Zubereitung: 45 Minuten
Garzeit: 3 Stunden
Für 6 Personen

350 g Risottoreis Vialone nano
600 g küchenfertiger Schweinsmagen
2 Zwiebeln
1 Zitrone in Scheiben
2 Rosmarinzweige
Salz und Pfeffer aus der Mühle
3 EL Olivenöl
0,2 l trockener Weißwein
1,5 l Hühnerfond (S. 32)
60 g kalte Butter
80 g geriebener Parmesan

Den Schweinsmagen muss man in der Regel beim Metzger bestellen, der die Magenhäute entfernt. Den Schweinsmagen mit heißem Wasser ausspülen und über Nacht in eine Marinade aus kaltem Wasser mit Zwiebel- und Zitronenscheiben sowie Rosmarin legen.
Am nächsten Tag den Magen in Scheiben schneiden und mit einer ganzen Zwiebel, einem Rosmarinzweig, Salz, Pfeffer und etwas Wasser aufkochen, abschäumen und 15 Minuten kochen.
Das Ganze durch ein Sieb abgießen und den Magen in frischem Salzwasser auf kleiner Flamme 2 Stunden garen.
Den Risotto nach Grundrezept (S. 34–44) zubereiten. Nach halber Garzeit den Schweinsmagen hinzufügen. Zuletzt die Butter und den Käse beigeben, den Risotto etwas ziehen lassen und cremig rühren.

Weinempfehlung:
Ein Edelzwicker aus dem Elsass oder ein pfälzischer Riesling.

Risotto di scorfano e zefferano

Risotto mit Drachenkopf

Zubereitung: 20 Minuten
Garzeit: 45 Minuten
Für 6 Personen

Für den Fischfond
1/2 l Weißwein, 1 Bund Petersilie, 1 Möhre, 1 Lauchstange, 1 Zitronenscheibe, 1 Knoblauchzehe

Für den Risotto
450 g Risottoreis Carnaroli Superfino
1 küchenfertiger Drachenkopf (1,2 kg)
150 g gebrühtes Rindermark
1 Zwiebel, 3 EL Olivenöl
0,2 l trockener Weißwein
1/2 TL Safranfäden
Salz und Pfeffer aus der Mühle
60 g Butter, 30 g geriebener Parmesan

Die Zutaten für den Fischfond mit 1 Liter Wasser aufkochen und 20 Minuten bei mittlerer Hitze köcheln lassen. Den Drachenkopf in den Fischfond geben und in 12 Minuten gar sieden. Den Fisch behutsam herausheben, enthäuten, filetieren und warm stellen. Den Fond durch ein Sieb passieren.
Zwei Teelöffel vom Fischsud in eine Tasse geben, den Safran hinzufügen und einweichen. Den Risotto zubereiten, wie im Rezept „Risotto alla Milanese" (S. 111) beschrieben. 3 Minuten vor Ende der Garzeit den Safran unter den Risotto rühren und abschmecken. Zum Schluss Butter und Parmesan dazugeben, den Risotto cremig rühren und mit den Fischfilets anrichten.

Weinempfehlung:
Ein Tocaï aus dem Veneto.

Risotto al pollo

Risotto mit Hühnchen

Zubereitung: 25 Minuten
Garzeit: 40 Minuten
Für 6 Personen

400 g Risottoreis Carnaroli
1 Zwiebel
2 Möhren
2 Selleriestangen
2 Tomaten
3 EL Olivenöl
0,2 l trockener Weißwein
1,5 l Hühnerfond (S. 32)
1 Zimtstange
etwas geriebene Muskatnuss
2 Hühnerbrustfilets
100 g Butter
5 cl Marsala
Salz und Pfeffer aus der Mühle
100 g Hühnerleber
1 EL fein gehackte Petersilie
einige Basilikumblätter
80 g geriebener Parmesan

Die Zwiebel schälen, Möhren und Selleriestangen putzen und waschen und alles klein würfeln. Die Tomaten brühen, häuten, entkernen und das Fruchtfleisch ebenfalls würfelig schneiden.
3 Esslöffel Olivenöl erhitzen und das Gemüse mit Ausnahme der Tomaten darin etwa 5 Minuten anschwitzen. Sobald es Farbe anzunehmen beginnt, den Reis einstreuen und unter Rühren mitbraten, bis die Reiskörner glasig sind. Mit dem Wein ablöschen und köcheln lassen, bis der Reis die Flüssigkeit aufgenommen hat. Nun den Hühnerfond angießen, die Zimtstange und die Muskatnuss dazugeben und den Risotto zugedeckt 15 Minuten garen.
In der Zwischenzeit die Hühnerbrüste häuten und in dünne Scheiben schneiden. 10 g Butter in einer beschichteten Pfanne erhitzen und das Fleisch darin kurz braten. Es soll innen noch rosig sein. Mit der Hälfte des Marsala ablöschen, salzen, pfeffern und warm stellen. Mit der Hühnerleber ebenso verfahren.
5 Minuten vor Ende der Garzeit des Risottos die Hühnerbrüste und die Leber, die Tomatenwürfel und das Basilikum unter den Reis mischen. Am Ende der Garzeit die restliche Butter und den Parmesan zum Risotto geben und diesen abseits vom Feuer 2 Minuten ziehen lassen. Zuletzt cremig rühren und mit der Petersilie bestreuen.

Weinempfehlung:
Ein Chardonnay aus Sizilien oder ein Morgon.

Risotto con porcini e tartufi d'Alba

Risotto mit Steinpilzen und weißen Trüffeln

Zubereitung: 20 Minuten
Garzeit: 30 Minuten
Für 6 Personen

400 g Risottoreis Carnaroli
60 g weiße Albatrüffel
600 g kleine Steinpilze
90 g Butter
1,5 l Hühnerfond (S. 32)
5 EL Olivenöl
1 Zwiebel
0,2 l Champagner
Salz und Pfeffer aus der Mühle
100 g geriebener Parmesan

Die Trüffel unter fließendem Wasser vorsichtig bürsten und großzügig schälen. Die Schalen sehr fein hacken, den Rest in hauchfeine Scheiben hobeln. Die Steinpilze putzen, die Stiele abbrechen und unten abschneiden.
Die Butter verflüssigen, mit den Trüffelschalen vermischen und wieder erkalten lassen.
Den Hühnerfond mit den Steinpilzstielen aufkochen und diese darin etwa 20 Minuten ziehen lassen. Die Steinpilzhüte in dünne Scheiben schneiden und in 2 Esslöffel Olivenöl braten.
Den Risotto nach dem Grundrezept (S. 34–44) mit Champagner und dem Hühner-Pilz-Fond zubereiten. 3 Minuten vor Ende der Garzeit die Steinpilze untermischen und abschmecken. Zuletzt die kalte Trüffelbutter und den Parmesan hinzufügen, abseits vom Feuer etwa 2 Minuten ziehen lassen und cremig rühren. Auf tiefen Tellern anrichten und mit den Trüffelscheiben garnieren.

Weinempfehlung:
Ein Barbaresco Sori oder ein Chablis.

Trüffelaroma

Bei den Trüffeln ist alles ungewöhnlich: das Aroma, die Farbe, ihr Vorkommen und auch ihr Preis. Im Piemont gibt es die berühmten weißen Albatrüffel. Ihr Aroma ist intensiv, der Preis aber sündhaft.
Die Sommertrüffel hingegen sind preisgünstiger. Sie verbergen unter ihrer festen und durchfurchten Kruste ein wahrhaft göttliches Aroma. Voraussetzung allerdings ist, dass man sie erst kurz vor dem Servieren den Gerichten beifügt.

Risotto al tartufi bianchi

Risotto mit weißen Trüffeln

Zubereitung: 30 Minuten
Garzeit: 30 Minuten
Für 6 Personen

500 g Risottoreis Carnaroli
60 g weiße Albatrüffel
90 g Butter
1 Zwiebel
5 EL Olivenöl
0,2 l Champagner
1,5 l Hühnerfond (S. 32)
Salz und Pfeffer aus der Mühle
120 g geriebener Parmesan

Die Trüffel unter fließendem Wasser vorsichtig bürsten und großzügig schälen. Die Schalen sehr fein hacken, den Rest in hauchfeine Scheiben hobeln. Die Butter verflüssigen, mit den Trüffelschalen vermischen und wieder erkalten lassen.
Die Zwiebel schälen, klein hacken und in einem Topf im heißen Olivenöl glasig braten. Sobald die Zwiebel Farbe annimmt, den Reis einstreuen und gut durchmischen, bis jedes Reiskorn glasig ist.
Mit dem Champagner ablöschen und das Ganze köcheln lassen, bis der Reis die Flüssigkeit aufgenommen hat. Den Hühnerfond aufgießen und den Risotto zugedeckt bei schwacher Hitze 15 Minuten garen.
Den Risotto mit Salz und Pfeffer abschmecken, die kalte Trüffelbutter und den Parmesan dazugeben, ohne sie unterzumischen. Abseits vom Feuer 1 bis 2 Minuten ziehen lassen, dann cremig rühren. Den Risotto auf 6 tiefen Tellern anrichten und mit den Trüffelscheiben bestreuen.

Weinempfehlung:
Ein Barolo oder Champagner.

Risotto di fegatini

Risotto mit Geflügelleber

Zubereitung: 20 Minuten
Garzeit: 40 Minuten
Für 6 Personen

400 g Risottoreis Carnaroli Superfino
300 g Geflügelleber
5 EL Olivenöl
0,1 l Marsala
Salz und Pfeffer aus der Mühle
1 Zwiebel
3 Selleriestangen
1 Möhre
1,5 l Hühnerfond (S. 32)
1 Bund glatte Petersilie
80 g kalte Butter
80 g geriebener Parmesan

Weinempfehlung:
Ein Chianti classico oder ein Anjou rouge.

Die Geflügelleber in kleine Stücke schneiden und in 2 Esslöffel Olivenöl bei starker Hitze so anbraten, dass sie innen noch rosa sind. Mit dem Marsala ablöschen, salzen, pfeffern und beiseite stellen.

Das vorbereitete Gemüse im restlichen Olivenöl anbraten. Sobald es Farbe annimmt, den Reis einstreuen und den Risotto nach Grundrezept (S. 34–44) zubereiten.

Während der Risotto gart, die Petersilie waschen und fein hacken. 5 Minuten vor dem Ende der Garzeit die Leber und die Petersilie zum Risotto geben und das Ganze abschmecken. Zuletzt Butter und Parmesan zugeben, 2 Minuten ziehen lassen und cremig rühren.

Risotto con tordi alla vignaiola

Risotto mit Wachteln und Trauben

Zubereitung: 30 Minuten
Garzeit: 40 Minuten
Für 6 Personen

300 g Risottoreis Carnaroli
1 Schalotte, 1 Möhre,
1 Selleriestange, 2 Zwiebeln
500 g grüne Weintrauben
6 küchenfertige Wachteln (im Originalrezept Drosseln)
Salz und Pfeffer aus der Mühle
6 dünne Scheiben Pancetta
einige eingelegte Weinblätter
120 g Butter
0,4 l trockener Weißwein
1 Kräutersträußchen
1,5 l Hühnerfond (S. 32), 2 EL Olivenöl
15 cl Verjus (Saft unreifer Trauben)
85 g geriebener Parmesan

Das Gemüse putzen und klein schneiden. Die Trauben häuten und entkernen.
Die Wachteln waschen und trockentupfen, innen und außen leicht salzen und pfeffern. Die Lebern beiseite stellen.
Die Wachteln in Pancetta-Scheiben und Weinblätter wickeln. Mit Zahnstochern feststecken. In 2 Sauteusen je 20 g Butter erhitzen und die Wachteln darin etwa 5 Minuten unter häufigem Wenden von allen Seiten braten. Die Hälfte des Weißweins angießen und weitere 5 Minuten garen. Das Fleisch soll rosa bleiben. Am Ende der Garzeit die Wachteln herausnehmen, halbieren, Brüste und Keulen auslösen und warm stellen.
Die Wachtelkarkassen zerkleinern und wieder in die Pfanne geben. Das Röstgemüse (mit der Hälfte der Zwiebeln) und die Kräuter hinzufügen und alles bei starker Hitze einige Minuten braten lassen. Mit dem Hühnerfond ablöschen, aufkochen lassen, danach abschäumen und 20 Minuten köcheln lassen. Anschließend durch ein Sieb gießen.
Für den Risotto die restliche Zwiebel bei schwacher Hitze im heißen Olivenöl anbräunen. Wenn sie leicht Farbe angenommen hat, den Reis einstreuen und gut durchmischen, bis die Körner glasig sind. Mit dem übrigen Wein ablöschen und köcheln lassen, bis der Reis die Flüssigkeit aufgenommen hat. Anschließend den Fond angießen und den Risotto zugedeckt 16 Minuten bei schwacher Hitze köcheln lassen.
Inzwischen die Wachtellebern und die Trauben leicht anbraten und mit dem Verjus ablöschen.
5 Minuten vor Ende der Garzeit des Reises die Lebern und die Trauben mit dem Bratensaft zum Risotto geben und das Ganze mit Salz und Pfeffer abschmecken. Zuletzt die restliche Butter und den Parmesan zum Reis geben, 2 Minuten ziehen lassen und cremig rühren.
Den Risotto auf tiefe Teller verteilen und auf jeder Portion Schenkel und Brüste einer Wachtel anrichten.

Weinempfehlung:
Ein Chianti classico oder ein Bordeaux rouge.

Verjus

Bereits im Mittelalter wurde der Saft unreifer Trauben als Saucenzutat verwendet. Heute ersetzt er aufgrund seiner ausgeprägten Säure, die beim Ablöschen des Bratensafts geradezu geschmackliche Wunder bewirkt, ohne weiteres den Essig. In Frankreich kann man ihn in Feinkostgeschäften bereits fertig kaufen, in Deutschland muss man ihn selbst herstellen. Die Zubereitung ist ganz einfach: Mit einem Stößel die unreifen Trauben zerstampfen. Den Saft in einem Gefäß auffangen, durch ein feines Tuch aus Musselin filtern und in eine Flasche füllen.

Risotto alla zucca

Risotto mit Kürbis

Zubereitung: 20 Minuten
Garzeit: 45 Minuten
Für 6 Personen

360 g Risottoreis Vialone nano
1 kg geschälter Kürbis
4 EL Olivenöl
120 g kalte Butter
1 Zwiebel
0,2 l Weißwein
1,5 l Hühnerfond (S. 32)
Salz und Pfeffer aus der Mühle
etwas geriebene Muskatnuss
100 g geriebener Parmesan

Den Kürbis schälen und entkernen. Das Fleisch in etwa 1 cm große Würfel schneiden. In einer Kasserolle je 1 Esslöffel Olivenöl und Butter erhitzen und den Kürbis darin schmoren, bis er weich ist.

Für den Risotto die Zwiebel schälen und fein hacken. In einer Sauteuse das restliche Olivenöl erhitzen und die Zwiebel darin anbraten. Sobald sie Farbe annimmt, den Reis einstreuen und unter Rühren mitbraten, bis die Körner glasig sind. Mit dem Weißwein ablöschen und die Hälfte des Kürbisses darunter mischen. Wenn der Reis die Flüssigkeit aufgenommen hat, den Hühnerfond angießen und den Risotto entsprechend dem Grundrezept (S. 34–44) fertig stellen. Einige Minuten vor dem Ende der Garzeit den restlichen Kürbis untermischen und beim Abschmecken reichlich Pfeffer und geriebene Muskatnuss verwenden.

Weinempfehlung:
Ein Albana aus der Emilia Romagna.

Risotto con piccioni

Risotto mit Tauben

Zubereitung: 40 Minuten
Garzeit: 45 Minuten
Für 6 Personen

400 g Risottoreis Carnaroli Superfino
2 Zwiebeln
1 Schalotte
1 Möhre
1 Selleriestange
3 küchenfertige Tauben
Salz und Pfeffer aus der Mühle
6 feine Scheiben Pancetta
100 g Butter
0,4 l trockener Weißwein
1 Kräutersträußchen
1,5 l Hühnerfond (S. 32)
4 EL Olivenöl
6 schöne Salbeiblätter
5 cl Marsala
60 g geriebener Parmesan

Die Zwiebeln schälen und fein hacken. Das übrige Gemüse putzen, waschen und klein schneiden. Die Tauben leicht salzen und pfeffern. Die Lebern beiseite stellen.
Die Tauben mit den Pancetta-Scheiben umhüllen und diese mit Küchengarn festbinden. In einer großen Sauteuse 30 g Butter erhitzen und die Tauben darin bei mäßiger Hitze etwa 10 Minuten braten. Etwa bei der Hälfte der Garzeit 0,2 Liter Wein angießen und weiter garen. Die Tauben aus der Sauteuse nehmen und halbieren, Brüste und Schenkel herauslösen und warm stellen. Den Rest zerkleinern und mit dem Gemüse – die Hälfte der Zwiebeln zurückbehalten – und dem Kräutersträußchen zurück in die Sauteuse geben. Das Ganze auf großer Flamme einige Minuten schmoren lassen, den Fond hinzufügen, aufkochen lassen, abschäumen und 20 Minuten köcheln lassen. Anschließend den Fond durch ein Sieb gießen.
Für den Risotto 3 Esslöffel Olivenöl erhitzen und die restliche Zwiebel darin anbraten. Sobald die Zwiebel Farbe annimmt, den Reis einstreuen und unter ständigem Umrühren mitbraten, bis die Körner glasig sind. Mit dem restlichen Weißwein ablöschen und köcheln lassen, bis der Reis die Flüssigkeit aufgenommen hat. Nun den Fond angießen und den Risotto weitere 15 Minuten köcheln lassen.
In der Zwischenzeit das restliche Olivenöl erhitzen und die Taubenlebern sowie die Salbeiblätter darin braten. Wenn die Lebern innen noch rosig sind, mit dem Marsala ablöschen und das Ganze vom Feuer nehmen.
5 Minuten vor Ende der Garzeit die Lebern mit dem Bratensaft unter den Risotto mischen und das Gericht mit Salz und Pfeffer abschmecken. Zuletzt die restliche Butter und den Parmesan zum Risotto geben, diesen abseits vom Feuer 2 Minuten ziehen lassen und cremig rühren. Den Risotto auf tiefen Tellern anrichten und mit den Salbeiblättern garnieren.

Weinempfehlung:
Ein Falerno aus Kampanien oder ein Bergerac aus dem Roussillon.

Salbei, samtig und aromatisch

Die grau-grünen, samtigen Blätter des Salbeis sind sehr aromatisch. Dieses in Italien sehr beliebte Gewürz wird dazu verwendet, der Piccata, der Saltimbocca und der Minestrone einen würzigen Geschmack zu verleihen. Die ätherischen Öle des Salbeis passen gut zu etwas fetterem Fleisch wie Schwein, Ente oder Gans.

Risotto con cinghiale, castagne e sedano rapa

Risotto mit Wildschwein, Kastanien und Sellerie

Zubereitung: 30 Minuten
Garzeit: 95 Minuten
Für 6 Personen

400 g Risottoreis Carnaroli Superfino
1 Rippenstück mit Knochen vom Wildschwein (1,5 kg)
5 EL Olivenöl
1,5 l Rinderfond (S. 147)
Salz und Pfeffer aus der Mühle
80 g kalte Butter
1 cl Cognac
24 geschälte und gekochte Esskastanien
300 g Sellerieknolle
1 Zwiebel
1 Selleriestange
1 Möhre
0,2 l Rotwein
60 g geriebener Parmesan

Das Fleisch des Wildschweinrippenstücks vom Metzger ausbeinen und küchenfertig vorbereiten lassen. Die Knochen und die Fleischreste zerkleinern und mit einpacken lassen.
2 Esslöffel Olivenöl erhitzen und die Wildschweinabfälle darin scharf anbraten. Mit dem Rinderfond ablöschen und 30 Minuten köcheln lassen. Dann durch ein Sieb gießen. Den Herd auf 240 °C vorheizen. Das ausgelöste Wildschweinfleisch salzen und pfeffern, in eine feuerfeste Form geben, mit einigen Butterflocken belegen und 35 bis 40 Minuten braten. Dabei regelmäßig mit dem Fleischsaft begießen. Dann das Fleisch herausnehmen und warm stellen. Den Bratensatz mit dem Cognac ablöschen, flambieren und die Kastanien hinzufügen. Aufkochen lassen und weitere 5 Minuten auf kleiner Flamme garen.
Inzwischen den Sellerie waschen und in mundgerechte Stücke schneiden. Den Sellerie 10 Minuten im Fond schmoren lassen, dann abtropfen und beiseite stellen.
Die Zwiebel schälen, das übrige Gemüse putzen und waschen. Alles Gemüse fein hacken. In einer Kasserolle das restliche Olivenöl erhitzen und darin das Röstgemüse bei schwacher Hitze anschwitzen. Wenn es beginnt, Farbe anzunehmen, den Reis einstreuen und unter ständigem Rühren mitbraten, bis jedes Reiskorn glasig ist. Mit dem Rotwein ablöschen und den Risotto köcheln lassen, bis der Reis die Flüssigkeit aufgenommen hat. Nun den Fond angießen und den Risotto bei schwacher Hitze 15 Minuten köcheln lassen. Inzwischen das Wildschweinfleisch in 12 gleich dicke Scheiben schneiden.
5 Minuten vor Ende der Garzeit die Kastanien und die Selleriestücke unter den Risotto mischen. Zuletzt die restliche Butter und den Parmesan dazugeben, 2 Minuten ziehen lassen und cremig rühren. Den Risotto auf tiefen Tellern anrichten und auf jede Portion 2 Scheiben Wildschweinfleisch legen.

Weinempfehlung:
Ein Brunello di Montalcino oder ein Pomerol.

Risotto al capriolo e mirtilli

Risotto mit Rehfleisch und Heidelbeeren

Zubereitung: 30 Minuten
Garzeit: 60 Minuten
Für 6 Personen

400 g Risottoreis Carnaroli Superfino
1 Rehfilet (1,2 kg) mit Knochen und Fleischabschnitten
4 EL Olivenöl
1,5 l Rinderfond (S. 147)
200 g Heidelbeeren
Salz und Pfeffer aus der Mühle
80 g kalte Butter
1 cl Cognac
1 Zwiebel, 1 Selleriestange, 1 Möhre
0,2 l trockener Weißwein
60 g geriebener Parmesan

Das Rehfilet von allen Sehnen und Häuten befreien. Die Knochen mit den Fleischabschnitten in 2 Esslöffel Olivenöl scharf anbraten, mit dem Rinderfond ablöschen und das Ganze 30 Minuten köcheln lassen. Den Fond durch ein Sieb gießen und beiseite stellen.
Inzwischen die Heidelbeeren unter fließendem Wasser waschen und trockentupfen. Den Backofen auf 240 °C vorheizen. Das Rehfilet salzen, pfeffern, in eine feuerfeste Form geben, mit einigen Butterflocken besetzen und je nach Dicke mindestens 15 Minuten braten. Dabei das Fleisch gelegentlich mit dem Bratensaft begießen. Am Ende der Bratzeit das Filet warm stellen, den Bratensaft mit dem Cognac ablöschen und die Heidelbeeren dazugeben. Das Ganze aufkochen und 5 Minuten köcheln lassen.
Die Zwiebel schälen, das übrige Gemüse putzen und waschen. Alles Gemüse fein hacken. In einer Kasserolle das restliche Olivenöl erhitzen und darin das Röstgemüse bei schwacher Hitze anschwitzen. Wenn es beginnt, Farbe anzunehmen, den Reis einstreuen und unter ständigem Rühren mitbraten, bis jedes Reiskorn glasig ist. Mit dem Weißwein ablöschen und den Risotto köcheln lassen, bis der Reis die Flüssigkeit aufgenommen hat. Nun den Fond angießen und den Risotto bei schwacher Hitze 15 Minuten köcheln lassen.
Inzwischen das Rehfilet in 12 gleiche Medaillons schneiden. 5 Minuten vor Ende der Garzeit die Heidelbeersauce unter den Risotto mischen. Zuletzt die restliche Butter und den Parmesan dazugeben, alles 2 Minuten ziehen lassen und cremig rühren. Den Risotto auf tiefen Tellern anrichten und auf jede Portion 2 Rehmedaillons legen.

Weinempfehlung:
Ein Brunello di Montalcino oder ein Pomerol.

Winter

Risotto con porri e pecorino

Risotto mit Lauch und Pecorino

Zubereitung: 20 Minuten
Garzeit: 35 Minuten
Für 6 Personen

450 g Risottoreis Roma
6 dünne Lauchstangen
75 g geräucherter Speck
1 Zwiebel
2 EL Olivenöl
0,2 l trockener Weißwein
1,5 l Hühnerfond (S. 32)
Salz und Pfeffer aus der Mühle
80 g kalte Butter
100 g geriebener Pecorino

Die Lauchstangen putzen und unter fließendem Wasser gut waschen. Das Wurzelende abschneiden und die dunkelgrünen Außenblätter entfernen. Die Lauchstangen in Scheiben schneiden, kurz in kochendem Wasser blanchieren und in kaltem Wasser refraichieren. Abtropfen lassen und beiseite stellen.
Den geräucherten Speck in kleine Würfel schneiden. Die Zwiebel schälen und klein hacken. In einer Kasserolle die Zwiebel und den geräucherten Speck bei schwacher Hitze im Olivenöl anbräunen. Wenn die Zwiebel leicht Farbe angenommen hat und der Speck goldbraun ist, den Reis einstreuen. Alles gut vermischen und unter ständigem Rühren weiterbraten, bis der Reis glasig ist. Mit dem Wein ablöschen und köcheln lassen, bis der Reis die Flüssigkeit vollständig aufgenommen hat. Nun den Lauch dazugeben, den Fond angießen und das Ganze zugedeckt 15 Minuten bei schwacher Hitze köcheln lassen.
Am Ende der Garzeit den Risotto mit Salz und Pfeffer abschmecken, die kalte Butter und den Pecorino hinzugeben, ohne sie unterzumischen. Den Risotto abseits vom Feuer 1 bis 2 Minuten ziehen lassen und zuletzt cremig rühren.

Weinempfehlung:
Ein Corvo bianco oder ein Pinot blanc aus dem Elsass.

Risotto con fave e pecorino

Risotto mit Bohnen und Pecorino

Zubereitung: 25 Minuten
Garzeit: 35 Minuten
Für 6 Personen

450 g Risottoreis Roma
1,5 kg frische dicke Bohnen, etwas Salz
75 g geräucherter Speck
1 Zwiebel, 2 EL Olivenöl
0,2 l trockener Weißwein
1,5 l Hühnerfond (S. 32)
Pfeffer aus der Mühle
60 g kalte Butter
100 g geriebener Pecorino

Die Bohnen enthülsen und einige Minuten in Salzwasser blanchieren. Dann mit kaltem Wasser abbrausen und abtropfen lassen. Die weißen Häute entfernen.
Den Speck in Würfel schneiden. Die Zwiebel schälen und klein hacken. In einer Kasserolle das Olivenöl erhitzen und die Zwiebel und den Speck darin anbraten. Wenn die Zwiebel etwas Farbe angenommen hat, den Reis einstreuen und das Ganze unter ständigem Rühren weiterbraten, bis der Reis glasig ist. Mit dem Wein ablöschen und köcheln lassen, bis der Reis die Flüssigkeit vollständig aufgenommen hat. Nun den Fond angießen und das Ganze zugedeckt 16 Minuten bei schwacher Hitze köcheln lassen. Nach etwa 8 Minuten die Bohnen dazugeben und untermischen.
Am Ende der Garzeit den Risotto mit Salz und Pfeffer abschmecken, die kalte Butter und den Pecorino hinzugeben, ohne sie unterzumischen. Den Risotto abseits vom Feuer 1 bis 2 Minuten ziehen lassen, dann cremig rühren.

Tipp: Wenn Sie keine frischen dicken Bohnen bekommen können, verwenden Sie Konserven aus dem Glas, aber keine getrockneten Bohnen.

Weinempfehlung:
Ein Muscadet von der Loire oder ein Verduzzo aus dem Veneto.

Risi e luganeghe

Risotto mit Würsten

Zubereitung: 25 Minuten
Garzeit: 40 Minuten
Für 6 Personen

400 g Risottoreis Vialone nano Superfino
1 Zwiebel
3 Chipolata (Treviser Bratwürste, etwa 300 bis 400 g)
1 EL Olivenöl
70 g Butter
0,2 l trockener Weißwein
1,5 l Hühnerfond (S. 32)
Salz und Pfeffer aus der Mühle
80 g geriebener Pecorino

Die Zwiebel schälen und fein hacken. Die Chipolata aufschneiden und das Brät aus der Pelle streifen.
Das Olivenöl mit 20 g Butter in einer Kasserolle erhitzen und die Zwiebel darin anschwitzen. Das Wurstbrät dazugeben und unter ständigem Rühren mit einem Holzlöffel krümelig braten. Nun den Reis einstreuen und das Ganze unter ständigem Rühren weiterbraten, bis der Reis glasig ist. Mit dem Wein ablöschen und köcheln lassen, bis der Reis die Flüssigkeit vollständig aufgenommen hat. Nun den Fond angießen und das Ganze zugedeckt 15 Minuten bei schwacher Hitze köcheln lassen. Der Risotto soll all'onda, also recht flüssig werden.
Am Ende der Garzeit den Risotto mit Salz und Pfeffer abschmecken, die restliche Butter und den Pecorino hinzugeben, den Risotto abseits vom Feuer 1 bis 2 Minuten ziehen lassen, dann cremig rühren.

Weinempfehlung:
Ein Mondeuse de Savoie oder ein anderer säurebetonter Weißwein aus Savoyen.

Reines Schweinefleisch

Der Risotto mit Würsten ist eine Spezialität aus der Gegend von Treviso. Dort werden die Chipolata aus grob gehacktem Schweinefleisch hergestellt. Im Norden werden sie in die Suppe gegeben, zusammen mit Polenta gekocht oder als Zutat zum Risotto verwendet. Man schneidet sie in Stücke oder drückt das Wurstbrät aus der Darmhaut, um es in der Pfanne zu braten. Die Wurststücke mischt man dann unter die übrigen Zutaten.

Risotto al limone

Risotto mit Zitrone

Zubereitung: 15 Minuten
Garzeit: 35 Minuten
Für 6 Personen

500 g Risottoreis Carnaroli
2 unbehandelte Zitronen
1 Zwiebel
2 EL Olivenöl
0,2 l trockener Weißwein (Chardonnay)
1,5 l Hühnerfond (S. 32)
Salz und Pfeffer aus der Mühle
100 g kalte Butter
100 g geriebener Parmesan

Zitronenschale

Für Rezepte, bei denen Zitronenschalen Verwendung finden, sollte man ausschließlich unbehandelte Früchte verwenden. Sie sind etwas teurer als behandelte Zitronen, aber überall problemlos erhältlich. Auch unbehandelte Zitronen müssen vor dem Schälen gut gewaschen werden. Durch das Blanchieren geht viel Aroma verloren, von den Vitaminen ganz zu schweigen. Wer es „zitroniger" mag, kann auf diesen Arbeitsgang getrost verzichten.

Die Zitronen unter fließendem heißem Wasser gründlich waschen. Mit dem Sparschäler die Schale dünn abschneiden und zu sehr feiner Julienne – dünne Stäbchen – schneiden. Die Zitronenschalen in kochendem Wasser kurz blanchieren, abtropfen lassen und beiseite stellen. Eine Zitrone auspressen.

Die Zwiebel schälen und fein hacken. In einer Kasserolle das Olivenöl erhitzen und die Zwiebel darin anbraten. Wenn sie etwas Farbe angenommen hat, den Reis einstreuen und das Ganze unter ständigem Rühren weiterbraten, bis der Reis glasig ist.

Mit dem Wein ablöschen und köcheln lassen, bis der Reis die Flüssigkeit vollständig aufgenommen hat. Die Zitronenschale und nach Geschmack Zitronensaft dazugeben, den Fond angießen und das Ganze zugedeckt 15 Minuten bei schwacher Hitze köcheln lassen.

Am Ende der Garzeit den Risotto mit Salz und Pfeffer abschmecken, die kalte Butter und den Parmesan hinzugeben, ohne sie unterzumischen. Den Risotto abseits vom Feuer 1 bis 2 Minuten ziehen lassen, dann cremig rühren.

Weinempfehlung:
Ein Sauvignon oder ein fruchtiger, trockener Weißwein aus dem Jura.

Risotto allo speck affumicato e mascarpone

Risotto mit geräuchertem Speck und Mascarpone

Zubereitung: 10 Minuten
Garzeit: 30 Minuten
Zutaten für 6 Personen

450 g Risottoreis Arborio Superfino
1 Zwiebel
200 g Südtiroler Speck oder ein anderer magerer Räucherspeck, in dünnen Scheiben
2 EL Olivenöl
0,2 l trockener Weißwein
1,5 l Hühnerfond (S. 32)
Salz und Pfeffer aus der Mühle
180 g Mascarpone
100 g geriebener Parmesan

Die Zwiebel schälen und fein hacken. In einer Kasserolle die Zwiebel und den Speck bei schwacher Hitze im Olivenöl anbraten. Wenn die Zwiebel etwas Farbe angenommen hat und der geräucherte Speck goldbraun ist, den Reis einstreuen, gut untermischen und mitbraten, bis die Reiskörner glasig sind.

Mit dem Wein ablöschen und köcheln lassen, bis der Reis die Flüssigkeit vollständig aufgenommen hat. Nun den Fond angießen und das Ganze zugedeckt etwa 15 Minuten bei schwacher Hitze köcheln lassen.

Am Ende der Garzeit den Risotto mit Salz und Pfeffer abschmecken, den Mascarpone und den Parmesan dazugeben, aber nicht untermischen. Den Risotto abseits vom Feuer 1 bis 2 Minuten ziehen lassen, dann cremig rühren.

Weinempfehlung:
Ein Pinot nero aus dem Trentino oder ein St. Magdalener aus Südtirol.

Speck – geräuchert und aromatisch

Dieses ursprünglich aus Österreich stammende Produkt wurde von Italien übernommen. Der Name bezeichnete einst geräucherten Gamsschinken. Heute wird der Speck aus geräucherter Schweineschulter hergestellt.
Eine Besonderheit ist der Südtiroler Speck, der diesem Gericht ein einzigartiges Aroma verleiht.

Risotto al limone e orecchie di mare

Risotto mit Zitrone und Meerohren

Zubereitung: 25 Minuten
Garzeit: 35 Minuten
Für 6 Personen

450 g Risottoreis Carnaroli
1 unbehandelte Zitrone
60 g kalte Butter
6 Meerohren
1 Zwiebel
3 EL Olivenöl
1 l Hühner- oder Fischfond (S. 32/79)
50 g geriebener Parmesan
1 Bund glatte Petersilie, fein gehackt

Die Zitrone waschen und mit dem Sparschäler schälen und auspressen. Die Schale zu Julienne schneiden, blanchieren, abtropfen lassen und beiseite stellen. Den Saft mit 50 g weicher Butter verrühren. Die Zitronenbutter kalt stellen.
Die Meerohren aus der Schale lösen, gut säubern, in 4 Teile schneiden und behutsam weich klopfen.
Den Risotto nach dem Grundrezept (S. 34–44) zubereiten. Die Zitronenschalen mit dem Fond dazugeben.
Kurz vor dem Servieren die Meerohren in der restlichen Butter auf jeder Seite 30 Sekunden braten, auf dem Risotto anrichten und das Ganze mit etwas gehackter Petersilie bestreuen.

Weinempfehlung:
Ein Tocaï aus Venetien.

Meerohren

Diese muschelartigen Altschnecken werden auch Abalone genannt. Mittlerweile gehören sie zu den teuersten Meeresdelikatessen, denn die Bestände sind in weiten Teilen der Welt nahezu ausgerottet.

Risotto al forno

Risotto aus dem Backofen

Zubereitung: 25 Minuten
Garzeit: 35 Minuten
Für 6 Personen

450 g Risottoreis Carnaroli
30 g getrocknete Pilze
2 Knoblauchzehen
200 g Geflügelleber
5 EL Olivenöl
6–8 gewässerte und gehackte Sardellenfilets
Salz und Pfeffer aus der Mühle
1 l Hühnerfond (S. 32)
60 g kalte Butter

Die getrockneten Pilze etwa 2 Stunden in lauwarmem Wasser einweichen, abtropfen klassen und in Streifen schneiden. Den Knoblauch schälen und fein hacken. Die Geflügellebern waschen und in mundgerechte Stücke schneiden.
Den Backofen auf 200 °C vorheizen. Das Olivenöl in einer Kasserolle erhitzen und den Knoblauch darin anbraten. Die Pilze dazugeben und alles unter Rühren kurz braten. Nun die Geflügelleber zusammen mit den Sardellenfilets zu den Pilzen geben, rosa braten und leicht salzen und pfeffern.
Den Reis einstreuen und mitbraten, bis die Körner glasig sind, dann den Fond angießen und den Risotto zugedeckt bei mäßiger Hitze 15 Minuten garen.
Eine ofenfeste Form buttern. Die restliche Butter zum Risotto geben, schmelzen lassen, das Ganze abschmecken und cremig rühren. Den Risotto in die Form geben und im Ofen leicht bräunen lassen.

Weinempfehlung:
Ein Beaujolais.

Risotto con cavolo capuccio e lardo affumicato

Risotto mit Kohl und geräuchertem Speck

Zubereitung: 15 Minuten
Garzeit: 30 Minuten
Für 6 Personen

400 g Risottoreis Vialone nano
1 Kopf Grünkohl
Salz
200 g geräucherter Speck
1 Zwiebel
5 EL Olivenöl
0,2 l Weißwein
1,5 l Hühnerfond (S. 32)
Pfeffer aus der Mühle
50 g kalte Butter
100 g geriebener Parmesan

Vom Kohl die äußeren Blätter sowie den Strunk entfernen. Die übrigen Blätter in dünne Streifen schneiden. Den Grünkohl in Salzwasser blanchieren (am besten 2 große Töpfe mit kochendem Salzwasser verwenden), und abtropfen lassen.
Den geräucherten Speck in Würfel schneiden. Die Zwiebel schälen und klein hacken. In einer Kasserolle das Olivenöl erhitzen und die Zwiebel und den geräucherten Speck darin bei mäßiger Hitze anbräunen. Sobald die Zwiebel Farbe annimmt, den Reis einstreuen und unter ständigem Rühren braten, bis die Körner glasig sind.
Mit dem Wein ablöschen und köcheln lassen, bis der Reis die Flüssigkeit vollständig aufgenommen hat. Nun den Kohl dazugeben, den Fond angießen und das Ganze zugedeckt 15 Minuten bei schwacher Hitze köcheln lassen. Der Risotto soll ziemlich flüssig bleiben.
Am Ende der Garzeit den Risotto mit Salz und Pfeffer abschmecken, die kalte Butter und den Parmesan dazugeben. Den Risotto abseits vom Feuer 1 bis 2 Minuten ziehen lassen und zuletzt cremig rühren.

Weinempfehlung:
Ein Chardonnay oder ein Pinot noir aus dem Elsass.

Grünkohl

Dieser Kohl ist eigentlich eine norddeutsche Spezialität. Er muss Frost bekommen, damit er seinen bitteren Geschmack verliert. Damit er seine schöne grüne Farbe bewahrt, den Kohl ohne Deckel in reichlich Salzwasser kochen, dem man eine Prise Backpulver zugesetzt hat.

Risotto al Prosecco

Risotto mit Prosecco

Zubereitung: 10 Minuten
Garzeit: 30 Minuten
Für 6 Personen

500 g Risottoreis Carnaroli
60 g Kalbsmark
etwas Salz
1 Zwiebel
3 EL Olivenöl
1 Flasche Prosecco oder Champagner brut
1 l Gemüsefond (S. 33)
Pfeffer aus der Mühle
80 g kalte Butter
120 g geriebener Parmesan

Das Kalbsmark in Salzwasser blanchieren, abtropfen lassen und in kleine Stücke schneiden. Die Zwiebel schälen und klein hacken.
Das Olivenöl in einer Kasserolle erhitzen und die Zwiebel darin anbraten. Sobald sie Farbe annimmt, den Reis einstreuen, das Kalbsmark hinzufügen und alles unter ständigem Rühren weiterbraten, bis die Körner glasig sind. Mit dem Prosecco (oder Champagner) ablöschen und köcheln lassen, bis der Reis die Flüssigkeit vollständig aufgenommen hat. Nun den Fond angießen und den Risotto zugedeckt 15 Minuten bei schwacher Hitze köcheln lassen.
Am Ende der Garzeit den Risotto abschmecken, die kalte Butter und den Parmesan dazugeben, aber nicht untermischen. Den Risotto 1 bis 2 Minuten ziehen lassen und cremig rühren.

Weinempfehlung:
Prosecco oder trockener Champagner.

Risotto al Barolo

Risotto mit Barolo

Zubereitung: 10 Minuten
Garzeit: 35 Minuten
Für 6 Personen

500 g Risottoreis Carnaroli
60 g Kalbsmark, etwas Salz
1 Zwiebel, 3 EL Olivenöl
1 Flasche Barolo
1 l Hühnerfond (S. 32)
Pfeffer aus der Mühle
80 g kalte Butter
120 g geriebener Parmesan
einige Parmesanspäne

Das Kalbsmark in Salzwasser blanchieren, abtropfen lassen und in kleine Stücke schneiden. Die Zwiebel schälen und klein hacken.
Das Olivenöl in einer Kasserolle erhitzen und die Zwiebel darin anbraten. Sobald sie Farbe annimmt, den Reis einstreuen, das Kalbsmark hinzufügen und alles unter ständigem Rühren weiterbraten, bis die Körner glasig sind. Mit dem Barolo ablöschen und köcheln lassen, bis der Reis die Flüssigkeit vollständig aufgenommen hat. Nun den Hühnerfond angießen und den Risotto zugedeckt etwa 15 Minuten bei schwacher Hitze köcheln lassen.
Am Ende der Garzeit den Risotto abschmecken, die kalte Butter und den Parmesan dazugeben, aber nicht untermischen. Den Risotto 1 bis 2 Minuten ziehen lassen und cremig rühren. Mit Parmesanspänen garnieren.

Weinempfehlung:
Der gleiche Barolo, der für den Risotto verwendet wurde, oder ein kräftiger Côtes du Rhône.

Austern

Für warme Gerichte empfehlen sich Austern hoher Qualität mit wenig Fett und einem schönen fleischigen Aussehen. Beim Öffnen müssen sie stets noch voll von Wasser sein. Dadurch wird ihre Frische und Qualität gewährleistet.

Risotto con le ostriche

Risotto mit Austern

Zubereitung: 25 Minuten
Garzeit: 30 Minuten
Für 6 Personen

400 g Risottoreis Vialone nano
1 unbehandelte Zitrone
1 Bund Kerbel
80 g Butter
30 Austern
1 Zwiebel
30 g in feine Streifen geschnittenes Gemüse (Möhren, Lauch, Champignons)
0,2 l Champagner
1 l Fischfond (S. 79)
Salz und Pfeffer aus der Mühle
60 g Mascarpone

Die Zitrone gründlich waschen, mit einem Sparschäler schälen und die Schalen zu feiner Julienne schneiden. Die Zitronenjulienne in kochendem Wasser 1 bis 2 Minuten blanchieren, in Eiswasser refraichieren und abtropfen lassen. Den Saft der Zitrone auspressen. Den Kerbel waschen, trockenschütteln und fein hacken.

60 g Butter in kleine Würfel schneiden, die Zitronenjulienne, die Hälfte des Zitronensafts und den Kerbel hinzufügen, alles gut durchmischen und kühl stellen.

Die Austern öffnen, die Flüssigkeit durch ein Sieb abgießen und zum Fischfond geben. Das Fleisch der Austern herausschälen und in einen kleinen Topf geben, damit sich wieder Flüssigkeit bildet.

Die Zwiebel schälen, fein hacken und zusammen mit den Gemüsestreifen in der restlichen Butter anbraten. Sobald das Gemüse Farbe annimmt, den Reis einstreuen und unter ständigem Rühren mitbraten, bis die Körner glasig sind. Mit dem Champagner ablöschen und köcheln lassen, bis der Reis die Flüssigkeit aufgenommen hat. Nun den Fond angießen und den Risotto zugedeckt 15 Minuten bei schwacher Hitze köcheln lassen.

Inzwischen die Austern in dem neu gebildeten Wasser bei schwacher Hitze 1 bis 2 Minuten erhitzen, aber nicht kochen lassen. Zuletzt den Risotto mit Salz und Pfeffer abschmecken und die Zitronenbutter sowie den Mascarpone dazugeben.

Den Risotto 1 bis 2 Minuten ziehen lassen, cremig rühren und auf 6 tiefe Teller verteilen. Jede Portion mit 5 Austern anrichten.

Weinempfehlung:
Ein Francia Corta oder ein Blanc de Blanc aus der Champagne.

Risotto alla folaga

Risotto mit Blässhuhn

Zubereitung: 30 Minuten
Garzeit: 90 Minuten
Für 6 Personen

400 g Risottoreis Carnaroli
2 küchenfertige Blässhühner mit Innereien
1 Zwiebel, 1 Selleriestange
1 Rosmarinzweig, Thymian
einige Salbeiblätter
6 EL Olivenöl
1 Gewürznelke, einige Wacholderbeeren
1 gewässertes Sardellenfilet
1 EL eingelegte Kapern
Saft und Schale von 1 unbehandelten Zitrone
0,4 l Weißwein
1,5 l Hühnerfond (S. 32)
Salz und Pfeffer aus der Mühle
80 g Butter
20 g geriebener Parmesan

Die Blässhühner der Länge nach halbieren, die Hühnermägen fein hacken. Gemüse und Kräuter putzen und klein schneiden.

3 Esslöffel Olivenöl in einem großen Bratentopf erhitzen und das Geflügel mit dem Gemüse, den Gewürzen, den Kräutern und den Hühnermägen darin zugedeckt bei schwacher Hitze schmoren lassen. Nach einer Viertelstunde 0,2 Liter Wein angießen und alles 1 Stunde bei schwacher Hitze schmoren lassen. Die Blässhühner am Ende der Garzeit entbeinen und das Fleisch in mundgerechte Stücke schneiden. Die Sauce mit Zitronensaft und -schale verfeinern und das Fleisch wieder in die Sauce geben.

Inzwischen den Risotto nach Grundrezept (S. 34–44) zubereiten. Kurz vor Ende der Garzeit das Blässhuhnfleisch mit der Sauce unter den Risotto mischen und diesen nach Grundrezept fertig stellen.

Weinempfehlung:
Ein Orvieto aus Umbrien.

Risotto al bisato

Risotto mit Aal

Zubereitung: 30 Minuten
Garzeit: 90 Minuten
Für 6 Personen

400 g Risottoreis Vialone nano
800 g frischer Aal
etwas Salz, etwas Mehl
1 Zwiebel, 1 Selleriestange
1 Bund glatte Petersilie
4 EL Olivenöl, 1 Knoblauchzehe
0,4 l trockener Weißwein
0,1 l Tomatensauce
1 Zitronenscheibe, 1 Lorbeerblatt
1,5 l Fischfond (S. 79)
Pfeffer aus der Mühle
30 g kalte Butter
20 g geriebener Parmesan

Den Aal vom Fischhändler häuten und in 5 cm dicke Stücke schneiden lassen. Gräten und Abschnitte mitnehmen. Die Aalstücke salzen und mit Mehl bestäuben. Die Zwiebel schälen, die Selleriestange waschen und beides klein schneiden. Die Petersilie waschen, trockenschütteln und fein hacken.

In einer großen Sauteuse 2 Esslöffel Olivenöl erhitzen und die Aalstücke mit der Zwiebel, dem Sellerie und der ungeschälten Knoblauchzehe braten. Sobald der Aal Farbe angenommen hat, mit der Hälfte des Weins und der Tomatensauce ablöschen. Die Knoblauchzehe entfernen, das Lorbeerblatt, die Zitronenscheibe und die Petersilie dazugeben und den Aal bei leicht geöffnetem Deckel 15 Minuten köcheln lassen. Dann das Aalfleisch herausnehmen und beiseite stellen.

Die Grätenteile und Fischabschnitte in die Sauce geben, den Fischfond aufgießen. Das Ganze aufkochen, 15 Minuten köcheln lassen und durch ein Sieb gießen. Den Risotto nach dem Grundrezept (S. 34–44) zubereiten und dabei den Fisch-Aal-Fond verwenden. 5 Minuten vor dem Ende der Garzeit das Aalfleisch zum Risotto geben und das Gericht mit Salz und Pfeffer abschmecken. Mit Butter und Käse cremig rühren und all'onda, also ziemlich flüssig, servieren.

Weinempfehlung:
Ein Sauvignon aus Friaul oder ein Pomino aus der Toskana.

Risotto al fagiano e tartufi neri

Risotto mit Fasan und schwarzen Trüffeln

Zubereitung: 30 Minuten
Garzeit: 60 Minuten
Für 6 Personen

400 g Risottoreis Carnaroli
1 küchenfertiger Fasan von etwa 1 kg
Salz und Pfeffer aus der Mühle
6 schöne Salbeiblätter
6 Scheiben Pancetta
60 g Butter
80 g schwarze Trüffel
1 Zwiebel, 1 Selleriestange, 1 Möhre
0,4 l trockener Weißwein
1, 5 l Hühnerfond (S. 32)
je 1 Rosmarin- und Thymianzweig
1 Lorbeerblatt
80 g geriebener Parmesan

Den Backofen auf 220 °C vorheizen. Den Fasan außen und innen salzen und pfeffern, mit den Salbeiblättern belegen und mit dem Pancetta bardieren. Den Fasan mit 20 g Butter in einen Bräter geben und im heißen Ofen in 30 Minuten rosa braten.

Inzwischen die Trüffel bürsten, schälen und in feinste Scheiben hobeln. Die Zwiebel schälen, Selleriestange und Möhre putzen und waschen. Das Gemüse klein schneiden. Die Innereien des Fasans klein schneiden.

Am Ende der Garzeit die Fasanenbrüste auslösen und warm stellen. Das übrige Fleisch und die Knochen grob zerkleinern und mit dem Gemüse und den Innereien in den Bräter geben. Das Ganze auf großer Flamme kräftig anrösten, mit der Hälfte des Weines ablöschen und mit dem Hühnerfond aufgießen. Den Fond aufkochen, Rosmarin, Thymian und Lorbeer dazugeben und alles 30 Minuten ziehen lassen.

Den Risotto nach dem Grundrezept (S. 34–44) zubereiten. Den Fasanenfond durch ein Sieb geben und zum Aufgießen verwenden. 5 Minuten vor Ende der Garzeit den Risotto mit Salz und Pfeffer abschmecken, die Fasanenbrüste in Streifen schneiden und dazugeben. Zuletzt mit der restlichen Butter und dem Parmesan cremig rühren und mit den Trüffelscheiben anrichten.

Weinempfehlung:
Ein Barolo, ein Vino nobile di Montepulciano oder ein Brunello di Montalcino.

Risotto con carciofi di Gerusalemme e tartufo nero

Risotto mit Topinambur und schwarzen Trüffeln

Zubereitung: 30 Minuten
Garzeit: 50 Minuten
Für 6 Personen

400 g Risottoreis Carnaroli Superfino
1 kleine schwarze Trüffel
1 kg Topinambur, 1,5 l Hühnerfond (S. 32)
1 TL Puderzucker, 20 g Butter
1 Zwiebel
2 EL Olivenöl
0,2 l Champagner
Salz und Pfeffer aus der Mühle
120 g Trüffelbutter (30 g feingehackte Trüffelschalen und 90 g Butter)
80 g geriebener Parmesan

Die Trüffel vorsichtig abbürsten und gut abtupfen. Die Topinamburknollen schälen und in Würfel schneiden. Den Hühnerfond aufkochen und den Topinambur 5 Minuten darin blanchieren, dann abtropfen lassen. In einer beschichteten Pfanne den Puderzucker schmelzen lassen, die Butter dazugeben und den Topinambur etwa 30 Minuten darin garen.
Den Risotto nach dem Grundrezept (S. 34–44) zubereiten. Nach der Hälfte der Garzeit den Topinambur dazugeben und das Gericht fertig garen. Den Risotto mit Salz und Pfeffer abschmecken, die Trüffelbutter und den Parmesan dazugeben, aber nicht unterziehen. Alles 1 bis 2 Minuten ziehen lassen. Den Risotto cremig rühren, auf 6 tiefen Tellern anrichten und mit den Trüffelscheiben garnieren.

Weinempfehlung:
Ein Solengo Argiano aus Montalcino.

Risotto tartufi bianchi-neri

Risotto mit weißen und schwarzen Trüffeln

Zubereitung: 30 Minuten
Garzeit: 30 Minuten
Für 6 Personen

500 g Risottoreis Carnaroli
1,5 l Poulardenfond mit Trüffeln
1 weißer und 1 schwarzer Trüffel
30 g Trüffelschalen
90 g weiche Butter
1 Zwiebel
3 EL Olivenöl
0,2 l Champagner
Salz und Pfeffer aus der Mühle
120 g geriebener Parmesan

Einen Geflügelfond entsprechend dem Grundrezept (S. 32) herstellen, aber anstelle des Suppenhuhns eine getrüffelte Poularde verwenden.
Die Trüffel vorsichtig bürsten. Die Trüffelschalen sehr fein hacken, mit der weichen Butter vermischen und kalt stellen.
Den Risotto nach dem Grundrezept (S. 34–44) zubereiten. Mit dem Poulardenfond aufgießen und mit der Trüffelbutter cremig rühren.
Den Risotto auf 6 tiefen Tellern verteilen und mit dem Trüffelhobel am Tisch über jede Portion weiße und schwarze Trüffel hobeln.

Tipp: Die Poularde nach dem Risotto mit Gemüse als Fleischgang servieren.

Weinempfehlung:
Ein Solaia aus der Toskana oder ein trockener Champagner.

Risotto tartufi neri

Risotto mit schwarzen Trüffeln

Zubereitung: 30 Minuten
Garzeit: 30 Minuten
Für 6 Personen

500 g Risottoreis Carnaroli
60 g schwarze Trüffel
30 g Trüffelschalen
90 g weiche Butter
1 Zwiebel
2 EL Olivenöl
0,2 l Champagner
1,5 l gut gewürzter Rinderfond (Rezept nebenstehend)
Salz und Pfeffer aus der Mühle
120 g geriebener Parmesan

Die Trüffel vorsichtig abbürsten, nicht anfeuchten und gut abtupfen. Die Trüffelschalen sehr fein hacken, mit der weichen Butter vermischen und kalt stellen.
Die Zwiebel schälen und klein hacken. In einer Sauteuse das Olivenöl erhitzen und die Zwiebel darin anbraten. Sobald sie Farbe annimmt, den Reis einstreuen und unter Rühren mitbraten, bis die Körner glasig sind. Mit dem Champagner ablöschen und köcheln lassen, bis der Reis die Flüssigkeit aufgenommen hat. Dann den Fond angießen und den Risotto zugedeckt 15 Minuten köcheln lassen. Am Ende der Garzeit abschmecken und mit der Trüffelbutter und dem Parmesan cremig rühren. Den Risotto auf 6 tiefen Tellern anrichten und bei Tisch mit dem Trüffelhobel einige hauchdünne Trüffelscheiben über jede Portion hobeln.

Weinempfehlung:
Ein Villa Gemma Montepulciano oder ein Saint-Emilion.

Rinderfond

Vorbereitung: 15 Min.
Garzeit: 2 Stunden
Für 2 l Brühe

1 kg Rindfleisch
2 Möhren
1 Zwiebel, gespickt mit 1 Gewürznelke
1 Selleriestange
20 g grobes Salz
3 g Pfefferkörner
1 Kräutersträußchen

Das Gemüse putzen und waschen. In einem großen Topf das Rindfleisch und alle anderen Zutaten mit 3 Liter kaltem Wasser aufsetzen und langsam zum Kochen bringen. Bei Bedarf abschäumen. Den Fond etwa 2 Stunden offen köcheln lassen. Am Schluss die Zutaten herausnehmen und die Brühe durch ein Sieb gießen. Kühl stellen. Vor der Weiterverwendung das an der Oberfläche erstarrte Fett abheben und wegwerfen.

Risotto con sedano rapa e tartufo nero

Risotto mit Sellerie und schwarzen Trüffeln

Zutaten: 30 Minuten
Garzeit: 60 Minuten
Für 6 Personen

400 g Risottoreis Carnaroli Superfino
60 g schwarze Trüffel
30 g Trüffelschalen
80 g Butter
1 kleine Sellerieknolle (700 g)
20 g Puderzucker
1 Zwiebel
3 EL Olivenöl
0,2 l trockener Weißwein oder Champagner
1,5 l Hühnerfond (S. 32)
Salz und Pfeffer aus der Mühle
60 g geriebener Parmesan

Die Trüffel vorsichtig abbürsten und gut abtupfen. Die Trüffelschalen sehr fein hacken, mit 60 g Butter vermischen und kalt stellen. Die Sellerieknolle schälen, in Würfel schneiden und in der restlichen Butter etwa 30 Minuten dünsten, bis die Selleriewürfel saftig und noch etwas knackig sind. Dann den Puderzucker hinzufügen, karamellisieren und beiseite stellen.

Die Zwiebel schälen und fein hacken. Das Olivenöl erhitzen und die Zwiebel darin anbraten. Sobald sie Farbe annimmt, den Reis einstreuen und unter Rühren mitbraten, bis die Körner glasig sind. Mit dem Weißwein ablöschen und köcheln lassen, bis der Reis die Flüssigkeit aufgenommen hat. Nun den Fond angießen und den Risotto zugedeckt 15 Minuten bei schwacher Hitze köcheln lassen.

Am Ende der Garzeit mit Salz und Pfeffer abschmecken, die Trüffelbutter und den Parmesan dazugeben, abseits vom Feuer 1 bis 2 Minuten ziehen lassen und cremig rühren. Den Risotto auf 6 Teller verteilen und mit dem Trüffelhobel auf jede Portion einige Trüffelscheiben hobeln.

Weinempfehlung:
Ein Barbaresco aus Piemont.

Risotto con cardi e tartufo nero

Risotto mit Artischocken und schwarzen Trüffeln

Zubereitung: 30 Minuten
Garzeit: 170 Minuten
Für 6 Personen

400 g Risottoreis Carnaroli
20 g Trüffelschalen
80 g Butter
1 kg Artischocken
Saft von 1 Zitrone
1 kleine schwarze Trüffel (80 g)
1 Zwiebel, 3 EL Olivenöl
0,2 l trockener Weißwein oder Champagner
1,5 l Geflügelfond, am besten von der Ente (S. 32)
Salz und Pfeffer aus der Mühle
50 geriebener Parmesan

Die Trüffelschalen sehr fein hacken, mit 60 g Butter vermischen und bis zur Verwendung kalt stellen.
Die Stiele der Artischocken abbrechen, die Blätter und das Heu entfernen. Die Artischockenböden in Scheiben schneiden und sofort mit Zitronensaft beträufeln. Einen Blanchiersud vorbereiten, aufkochen und die Artischockenstücke darin zugedeckt etwa 60 Minuten bei schwacher Hitze köcheln lassen. Die Artischocken herausnehmen und abtropfen lassen. In einer Sauteuse die restliche Butter erhitzen und die Artischockenstücke darin bei schwacher Hitze etwa 20 Minuten schmoren.
Inzwischen die Trüffel abbürsten und mit einem feuchten Tuch abtupfen.
Die Zwiebel schälen und fein hacken. In einer Kasserolle das Olivenöl erhitzen und die Zwiebel darin bei mäßiger Hitze anbraten. Sobald sie Farbe annimmt, den Reis einstreuen und unter ständigem Rühren mitbraten, bis die Reiskörner glasig sind. Mit Weißwein oder Champagner ablöschen und köcheln lassen, bis der Reis die Flüssigkeit aufgenommen hat. Nun den Fond angießen und den Risotto bei mäßiger Hitze 15 Minuten garen. Bei der Hälfte der Garzeit die Artischockenstücke dazugeben und untermischen.
Am Ende der Garzeit den Risotto mit Salz und Pfeffer abschmecken. Die kalte Trüffelbutter und den Parmesan dazugeben, aber nicht untermischen. Den Risotto abseits vom Feuer 1 bis 2 Minuten ziehen lassen und dann cremig rühren. Sofort auf 6 tiefen Tellern anrichten und bei Tisch über jede Portion einige Trüffelscheiben hobeln.

Blanchiersud

Im Blanchiersud werden bestimmte Nahrungsmittel blanchiert, damit sie Bitterstoffe abgeben oder einfacher zubereitet werden können. Man kann dazu einfach sprudelnd kochendes Wasser oder Salzwasser verwenden, aber besser ist das folgende Rezept: 2 Esslöffel Mehl mit 1 l Wasser, 20 g Butter und dem Saft einer Zitrone in einen Topf geben und 10 Minuten köcheln lassen. Das zu blanchierende Gemüse hinzufügen, den Sud zum Kochen bringen und das Gemüse so lange, wie im Rezept angegeben, ziehen lassen.

Weinempfehlung:
Weißwein: ein Chardonnay aus dem Veneto. Rotwein: ein Barbera d'Alba DOC.

Risotto con fegato grasso e tartufi neri

Risotto mit Gänseleber und schwarzen Trüffeln

Zubereitung: 30 Minuten
Garzeit: 80 Minuten
Für 6 Personen

400 g Risottoreis Carnaroli Superfino
500 g frische Gänseleber
Salz
0,25 l Madeira
20 g Trüffelschalen
80 g Butter
1 kleine schwarze Trüffel
1 Zwiebel
3 EL Olivenöl
0,2 l Champagner oder lieblicher Weißwein
1,5 l Geflügelfond, am besten von der Ente (S. 32)
50 g geriebener Parmesan
Pfeffer aus der Mühle

Die Gänseleber mit etwas Salz bestreuen und 24 Stunden in Madeira marinieren. Dabei gelegentlich wenden.
Für die Trüffelbutter die Trüffelschalen sehr fein hacken, mit 60 g Butter vermischen und bis zur Verwendung kalt stellen.
Die Trüffel vorsichtig abbürsten und mit einem feuchten Tuch gut abtupfen.
Die Zwiebel schälen und fein hacken. In einer Kasserolle das Olivenöl erhitzen und die Zwiebel darin bei mäßiger Hitze anbraten. Sobald sie Farbe annimmt, den Reis einstreuen und unter ständigem Rühren mitbraten, bis die Reiskörner glasig sind. Mit Weißwein oder Champagner ablöschen und köcheln lassen, bis der Reis die Flüssigkeit aufgenommen hat. Nun den Fond angießen und den Risotto bei mäßiger Hitze 15 Minuten garen.
In der Zwischenzeit die Gänseleber aus der Marinade nehmen, trockentupfen und in dicke Scheiben schneiden. Die restliche Butter in einer Pfanne erhitzen und die Gänseleberscheiben darin von beiden Seiten braten. Sie müssen rosa, dürfen aber nicht mehr blutig sein.
Am Ende der Garzeit den Risotto mit Salz und Pfeffer abschmecken. Die kalte Trüffelbutter und den Parmesan dazugeben, aber nicht untermischen. Den Risotto abseits vom Feuer 1 bis 2 Minuten ziehen lassen und dann cremig rühren.
Den Risotto auf 6 tiefe Teller verteilen, mit je 1 Scheibe Gänseleber anrichten und über diese bei Tisch einige hauchdünne Trüffelscheiben hobeln.

Weinempfehlung:
Ein Recioto Amarone della Valpolicella vom Gardasee oder ein Collioure rouge aus dem Roussillon.

Risotto al fegato grasso d'anitra e mele

Risotto mit Entenleber und Äpfeln

Zubereitung: 20 Minuten
Garzeit: 30 Minuten
Für 6 Personen

400 g Risottoreis Carnaroli
3 Äpfel (z. B. Renetten, Braeburn, Gala)
100 g Butter
1 Zwiebel
2 EL Entenfett oder Gänseschmalz
0,2 l halbtrockener oder lieblicher Weißwein
1,5 l Geflügelfond, am besten von der Ente (S. 32)
500 g frische Entenleber
Salz und Pfeffer aus der Mühle

Die Äpfel schälen, in kleine Würfel schneiden und in 20 g Butter andünsten. Sie sollen noch bissfest sein. Die Äpfel beiseite stellen.
Die Zwiebel schälen, fein hacken und in einem hohen Topf im Entenfett anbraten. Sobald sie Farbe annimmt, den Reis einstreuen und unter ständigem Rühren mitbraten, bis die Reiskörner glasig sind. Mit Weißwein ablöschen und köcheln lassen, bis der Reis die Flüssigkeit aufgenommen hat. Nun den Fond angießen und den Risotto bei mäßiger Hitze 15 Minuten garen.
Inzwischen die Entenleber in mundgerechte Stücke schneiden. 20 g Butter in einer Sauteuse erhitzen und die Entenleber darin bei starker Hitze braten, salzen, pfeffern und warm stellen.
Den Risotto am Ende der Garzeit mit Salz und Pfeffer abschmecken und die Apfelwürfel sowie die restliche Butter dazugeben. Abseits vom Feuer 1 bis 2 Minuten ziehen lassen, cremig rühren und mit der Entenleber anrichten.

Weinempfehlung:
Ein Pinot gris aus dem Elsass oder ein Sauvignon aus dem Veneto.

Risotto con vitello all'arancio

Risotto mit Kalb und Orangen

Zubereitung: 15 Minuten
Garzeit: 30 Minuten
Für 6 Personen

400 g Risottoreis Carnaroli
1 unbehandelte Orange
1 Zwiebel, 1 Möhre, 1 Selleriestange
600 g geschnetzelte Kalbsnuss
Salz und Pfeffer aus der Mühle
1 EL Mehl
4 EL Olivenöl
0,2 l trockener Weißwein
1,5 l Kalbsfond (S. 147), 0,2 l Orangensaft
85 g kalte Butter
80 g geriebener Parmesan

Die Orange schälen und die Schale in feine Julienne schneiden. 1 Minute in kochendem Wasser blanchieren, abtropfen lassen und beiseite stellen. Die Orange filetieren. Die Zwiebel schälen, Möhre und Selleriestange putzen und waschen. Das Röstgemüse klein schneiden.

Das Kalbfleisch salzen, pfeffern und mit Mehl bestäuben. In einer großen Sauteuse das Olivenöl erhitzen, das Fleisch darin braten, dann herausnehmen und warm stellen.

Im selben Fett das Röstgemüse bei mäßiger Hitze anbraten. Sobald es Farbe annimmt, den Reis einstreuen und unter ständigem Rühren mitbraten, bis die Reiskörner glasig sind. Mit dem Wein ablöschen und köcheln lassen, bis der Reis die Flüssigkeit aufgenommen hat. Nun Fond und Orangensaft angießen und den Risotto bei schwacher Hitze zugedeckt 15 Minuten köcheln lassen. Den Risotto abschmecken, die kalte Butter und den Parmesan dazugeben, 2 Minuten ziehen lassen und dann cremig rühren. Den Risotto auf Tellern anrichten und das Kalbfleisch, die Orangenfilets sowie die Julienne darüber verteilen.

Weinempfehlung:
Ein Valtellina Sfursat aus der Lombardei.

Rezeptverzeichnis nach Jahreszeiten

Frühling

Sommer

Herbst

Winter

Register

IMPRESSUM

Aus dem Französischen übersetzt
von Antoinette Gittinger

Texte: Martine Vincent
Fotos: Jean-François Rivière, außer S. 25: Roger Violett
Food-Styling: Sylvie Bandeville

Redaktion, Herstellung und Satz:
VerlagsService Dr. Helmut Neuberger
& Karl Schaumann GmbH, Heimstetten

3. Auflage 2009

Die Originalausgabe mit dem Titel „Risotto“
wurde erstmals 2001 im Verlag Flammarion,
Paris, veröffentlicht.

Druck und Bindung: SNP, China
Printed in China

ISBN 978-3-88472-958-8

HINWEIS
Alle Informationen und Hinweise, die in diesem Buch enthalten sind, wurden vom Autor nach bestem Wissen erarbeitet und von ihm und dem Verlag mit größtmöglicher Sorgfalt überprüft. Unter Berücksichtigung des Produkthaftungsrechts müssen wir allerdings darauf hinweisen, dass inhaltliche Fehler oder Auslassungen nicht völlig auszuschließen sind. Für etwaige fehlerhafte Angaben können Autor, Verlag und Verlagsmitarbeiter keinerlei Verpflichtung und Haftung übernehmen.

Korrekturhinweise sind jederzeit willkommen und werden gerne berücksichtigt.

BEZUGSQUELLEN

Risottoreis und italienische Delikatessen erhalten Sie online z. B. unter den folgenden Adressen:

Tenuta Colombara
13046 Livorno Ferraris/Vercelli – Italien
Tel.: (+39) 161 0477832
www.acquerello.it

Azienda Agricola Principato di Lucedio
13039 Trino (Vercelli) – Italien
Tel.: (+39) 161 477832
www.principatodilucedio.it

Internetto.de
Manfred Brunner
Daxa 10
D-83112 Frasdorf
Tel.: (+49) 8032 707033
Fax: (+49) 8032 707055
E-Mail: mailbox@internetto.de
www.internetto.de

N.E. srl – Qitaly.it
C.so San Felice, 64
36100 Vicenza, Italien
Tel.: (+39) 444 322447
Fax: (+39) 444 8431150
www.qitaly.it

Renate & Peter Mauser
Rechter Graben 17
A-2384 Breitenfurt
Tel./Fax: (+43) 2239 4332
E-Mail: mail2@vinitalia.org
www.vinitalia.org

Piccolo Emporio
Feinkost
Wormserstraße 55
67346 Speyer
Tel./Fax: (+49) 6232 620636
www.piccoloemporio.de

Protos Mediterrane Spezialitäten
Direktversand
Hofmannswaldaustraße 5 A
81739 München
Tel.: (+49) 89 66009272
Fax: (+49) 89 602811
E-Mail: info@protos-he.de
www.protos-he.de

PuntoSconto
Borsigstr. 17
63165 Mühlheim
Tel.: (+49) 6108 91090
Fax: (+49) 6108 910929
E-Mail:info@puntosconto24.de
www.puntosconto24.de